【文庫クセジュ】

聖なるもの

ジャン＝ジャック・ヴュナンビュルジェ著
川那部和恵訳

白水社

目次

序論

聖なるものという観念は、宗教的なものの経験や制度のあり方、すなわち、人間と、超感覚的で不可視な実在の領域である神的なものとの関係のあり方と、切り離せないように思われる。もちろん聖なるものと宗教を混同するわけにはいかないのであって、現にある種の宗教は聖なるものの媒介なしで成立しているし、また聖なるものは宗教的なものと関わりなくして存続し、いやみずからを新しくさえしうるのである。にもかかわらず、この両者がどのように世界に出現し、変化し、内容を得、意味を与えられるかは、それぞれ個別に考えてよい事柄ではない。二十世紀初頭（デュルケムから一九三〇年代の「社会学研究会」まで）、一部の社会学的議論の中心におかれていた聖なるものは、その後、西洋におけるキリスト教の緩慢な文化的衰退につき従ったかのようだが、この二十一世紀初頭に入り、昨今の全世界に及ぶ宗教的なるものの回帰の動きのなかで、ふたたび舞台に連れもどされている。

つまり一方では、ヨーロッパにおけるわれわれの現代性は、無神論の拡大、信仰実践の衰退ないし私事化、そして社会的価値・規範と比べた宗教制度の弱体化など、いろいろなかたちの文化の不可逆的な非神聖化 désacralisation とみなしうるものによって特徴づけられてきた。世俗化 sécularisation と脱宗教化 laïcisation は、聖なるものを、私的な体験や、残余的・周辺的な実行の領域に追いやって、個人と社会の生活における聖なるものの出現を減少させることになった。だがその一方で、最近の新しい宗教心は、あるいは、各宗教に固有の伝統的な神聖の再出現を促し（これは派手な集団現象の形態をとる。たとえば法王を囲む青年人民連合、イスラム教徒のメッカ巡礼ほか）、あるいは、文学や映画のメディアを介して、モードや、娯楽や、小集団の神話に影響を及ぼす、古来または外来の、多くの象徴および儀礼のアノミー〔混沌状態〕的開花を促進する。聖なるものという言葉は、この混合主義《サンクレティック》的な文脈のもとに、伝統的な宗教感情の現象から、秘教、神秘、幻想さらには、魔術や妖術（コエーリョとかトールキンの作品、ネオゴシックと悪魔崇拝の様式、などの成功を参照のこと）とも結びつく他のもろもろの現象まで、一連の雑多な対象を集めるのであるが、これは、しばしばポストモダンと呼ばれる文化をとりまく状態の典型的状況にほかならない。

聖なるものの、このような文化的変奏と変遷は、つぎのような自問に至らせる。神聖は、せいぜい移動と変身しかなしえない人間というもののもつ、永続的で文化の違いを超えた一つの構造をベースとしているのだろうか、それともむしろ、個々の社会の構造、変形し変化し時には不在で隠されてだれにも認知されないままの、いずれにせよ、場所どうし、時代どうしの共通点のない、個々の社会構造に依って在るのだろうか。論点はここにある。たとえば、一様性の概念——これは必然的にアナロジーと見せかけだけの類似点で織りなされているにすぎないが――を保証せずに、比較宗教学で認められている同形性によってほのめかされた聖なるものの普遍性を、どうして受け入れることができようか？　どうしてまた、聖なるものの一般人類学と、そしてさらに本来的な形而上学の分野とを放棄せずに、たがいに無関係なことも多い文化的・歴史的な系譜と表現を考慮に入れることなどできようか？　聖なるものの現象を、その個人的・集団的次元において、そのいろいろな経験と制度とをとおして理解することは、それでも二つのことを同時に可能ならしめるにちがいない。一つは、宗教的なものの一般の根源に、またさらにはその影響を受けた文化全般にまでさかのぼること、そしてもう一つは、想像的なものと合理性との、世界の脱呪術化と再呪術化との交換作用《シャッセクロワゼ》をともなった、現代のもっとも驚くべき諸変容を理解するための方法を見つけることである。

語彙的アプローチ

聖なるものへの語彙記述学的なアプローチはそれだけで、この現象の曖昧さと複雑さがどれほどの重要性をもっているかを認識させてくれる。E・バンヴェニストが指摘したように[1]、あらゆるインド＝ヨーロッパ語は、聖なるものを表すための相補的な一対の単語を保持しているのであり（ギリシア語におけるような三つ組でないとき）、各言語のすべてに厳密な対応関係があるわけではないにしても、少なくとも、意味にかんする二つの支配的な傾向を引きだすことはできる。

・一方において、これらの言語は、超自然タイプの、また神的なものの表徴になる、超越的な力の存在と行為を析出する。具体例として、アヴェスタ語の *spənta*、ゴート語の *hails*、ギリシア語の *hiéros*〔英 sacred〕（これはすなわち神々のみに充てられているか、あるいは神々によって与えられるものであり、神々が人間に許したものとしての *hosios*〔英 holy〕とは異なる）、などがある。
・他方には、むしろ何らかの分離を制度化し法によって守るという行為の結果、神聖 saint となるものを示す単語、たとえばアヴェスタ語の *yaozdata* のような単語がある。
・以上の二つは、対象があらゆる冒瀆から保護されていることを示している。

フランス語の単語《sacré》〔聖なるもの〕の語源であるラテン語の《*sacer*》はといえば、あらたな価値を持ち込んでいるように見える。この語が同時に、尊敬すべき vénérable（*augustus*〔高貴な、崇高な〕に近い意）超人の表徴の現前と、恐怖を引きおこす穢れからの隔離とを表しているからである。(2)

聖書の言語的支柱であるセム語系の諸語も、同様の意味論的な両極をそなえている。(3) ヘブライ語の

qodesh は、特別の地位（動物や人間の初生子、「神」の名前、など）を生じさせる、「神」とは区別される出現に関係し、この区別にたいする冒瀆は「囲いを破る」という意味の *chalal* によって表される。一方、倫理的コノテーションをもつ *qadosh* という語は、「欠陥も不純性もないため、善において他のすべてから分離され区別される」ものを表し、その結果「神」それ自身と結びつくのである。

イスラム文化もまた二つの異なる語根にかかわっている。一方では、メッカのモスクもイスラム教紀元の最初の月も *harram* と言われるだろう。「HRM〔harram の語根〕の第一義は分離するということであり、そこから二つの対語、「禁ずる」と、二つめのかたち「聖化する」が生じている(4)」。他方、神の法は QDS を語根とする *muqaddas* という語によって表現されるが、この「QDS の第一義は、穢れなく、「純粋であること」であり、その結果（二つめのかたちとしての）「浄化する」と、包摂的な相関による「聖化する」が生じる(5)」。

ラテン語の《*sacer*《サケール》》に由来するフランス語の常用語《sacré《サクレ》》は、したがって両義的であり、一個の総称的にして一義的な範疇の語に還元することはできない。神聖 sacralité の観念は、《sacré》と《saint》（英語では *sacred* と *holy* に相当）と言表される二つの意味の極に通じている。

だからといって、こうした言語状況から懐疑的な結論を引きだしたり、《sacré》という語の一般的な範疇の使用を禁じたりしてよいものだろうか？　そもそも、ある人たちは、とかく西洋思想が、聖なるものの自民族中心主義的な範疇を何から何まででっち上げたのだといって非難するが、それは、一神教論理の投影によって非西洋社会の宗教的な事柄を統合するには便利な概念ではあろう。聖なるものはだから、その意味で、人間と世界および見えざるものとの関係における多様性を説明することはできないだろうし、それにまた宗教的なものの不屈の性格への信仰をいっそう強めることにすらなりかねないだろう。われわれはラテン語からきたこの言葉が何よりもまず、普遍性を要求することはできなかったが大部分はキリスト教の文明と思想に影響を及ぼした宗教の、ローマ的観念の担い手であることを忘れてはならない。また、言語はかならずしも経験の忠実な反映ではなく、ときには違ったふうに名づけられた諸事実のまとまりを、軽視するか言い落とすことがありうるということも認めるべきだろう。M・モースもこう書き記していた。「それが存在するために、ある現象がどうしてもその言語表現に到達せねばならないということはない。ある言語が一言で言うこと、これを他の言語は何語もついやして言う。後者にはそれを表現する必要すらまったくないのである。たとえば、理由の概念は他動詞のうちに明示的ではない、が、それはそこにある。

精神作用にかかわるある原理が存立するためには、その作用は当の原理だけによって説明されえなければならず、またそれで十分である［中略］。こちら〔ヒンディー語〕では、純粋な（*medhya*）、犠牲の（*yajñiya*）、崇高な（*devya*）、恐ろしい（*ghora*）と言うだろうし、あちら〔ギリシア語〕では、神聖な（*hiéros* あるいは *hagios*）、崇拝に値する（*semnos*）、正当な（*thesmos*）、尊敬すべき（*aidésimos*）と言うだろう。それにしてもギリシア人とヒンドゥー教徒は、聖なるものにかんしきわめて的確で強固な認識をもっていないのだろうか?[6]」

したがって、文化を区別することの意味を解さないというわけではもちろんないが、どんな社会もみな、J・セルヴィエがいっさいの言語的誤解を避けるために「見えざるもの」との関係と呼ぶよう提案する、経験と信仰という共通遺産を含んでいると主張できるのである[7]。

結局は、F・イザンベールも示唆するように[8]、語彙記述学的な解釈というのは、おおかた宗教的事柄の理論化を反映してのことだろうが、聖なるものを、局地的で一時的なとにかく特異な現象にとどめるか、または通文化的《トランスキュルチュレル》で普遍的な範疇へと高めるか、この二つの傾向のあいだで迷いつづけているように見える。しかしそうかといって、最初の立場を厳密に実証的なかつ客観的なアプローチに、また二つめの立場を、信仰を無神論者に受け入れられるような言説のなかに組み入れながら、これをひたすら正当化しようとするだろう一種の実存的で護教的な戦術に結びつけるべきか? これが、聖なるもののさまざまな解釈をとおして本書が提案する行程の、哲学的な争点の一つである。

第一部　聖なるものの実践

聖なるものは、人類最古の時代にまでさかのぼる個人的・集団的な行動の全体において見てとれる。したがってその記述は、以下の三つの次元から行うことができる。すなわち、個人の心的経験の次元、あらゆる種類の聖なる表象に共通する象徴構造の次元、そして、社会における聖なるものの文化的機能の次元である。

第一章　聖なるものの現象学

聖なるものはどんなふうに現れてくるのだろうか？　たとえば系統発生の視点から、人類の発展のなかに聖なるものに関する行為の出現を位置づけるべく、これを先史時代のなかに追求することが可能である（A・ルロワ＝グーランや、比較的最近のアナティ、もしくはJ・クローズといった先史学者たちの研究が示すように[1]）。あるいはまた、もっと深く、現象学的観点から、人間の心的経験のなか、そのさまざまな感情や情動や表象のなかに、聖なるものの出現の形態と条件を探ることも可能である。

一見してわかることだが、実際、聖なるものの本能的な、前概念的な内容は一連の共通体験を根拠としている。そうした体験はどれも神秘的なものや超越するものの前にわれわれを連れだし、何かわれわれにはわからない、われわれを凌駕するもの、われわれには支配も接近もできないようなものにたいして、恐怖と崇敬の念を起こさせる。そうして、われわれがとてつもなく強烈なもの（山中の嵐）や、とてつもなく巨大なもの（カテドラル）を前にして覚える崇高の美的経験、あるいは、生まれくる子どもを前にした歓喜の感情なり、死にゆく者を前にした不安と恐怖の感情などに、感情と情動の幽霊の最初

になったのである。

のかたちが見られるのであり、そこに、聖なるものの、現象学的肖像とでも言うべきものの作成が可能になったのである。

聖なるものは、実際、異化した現実（われわれをとりまく直接的な現実とは違う、完全に別ものであり、よってしばしば「まったく他なるもの」tout Autreと呼ばれる現実）についてのあるタイプの認識および意識化に対応しており、そこから現れる固有の力は直接的にも間接的にもわれわれを、肯定的にまた否定的に、はげしく感動させもし、悲しませもする。聖なるものは、ゆえに世界の二分化と切り離せないのだ。聖なるものは、自然的・歴史的現象、個々人の行動や人格、またさまざまな書きことばや話しことば、さらには音楽をとおして生起し、あるいは生成へと媒介されうる。聖なるものは、われわれの意識に向けて、月並みなもの、身近なもの、日常的なもの、慣例的なものの埒外に、隔てられ、区別され、自由に扱えず、というより手にすることすらできない禁じられた一つの現実の面、あるいは源を出現させる。そしてこの現実を、まずは意識が、識別し、そのあとに文化が、安定させ、命名し、保護し、聖別し、称讃し、かつそこから結果をえるための道具として扱うことになる。なぜなら、聖なるものは、言語や習俗のような、外的伝達を引きおこす文化的現象（神話と祭式）のなかに客体化されるのではあるが、それはまたつねに特有の内的状態をもたらすからである。かくして、聖なるものに固有の心的で実存的な経験というものが存在するのであって、この経験は、情動と感情の主観的な状態においても、表象と言説の根底にある世界の客観的表徴においても、認められるのである。

Ｉ　「ヌミノーゼ」〔神霊的なもの〕の体験

十九世紀の宗教哲学による分析以来、聖なるものは、まず第一に、興奮や恐怖のようなとりわけ強烈な感情的状態におちいったさいに、自分が超感覚的な現実につながれていて、自分を超える、ある「包み込むもの」に支配されていることを意識する、個人の一連の主観的体験を指し示しているようである。たとえばW・ジェイムズは、聖なるものの内的経験と、叙情的高揚と晴朗な平和のあいだで揺れうごく「エネルギー発生的《ディナモジェニック》な」綺羅星のごとき感情とを関連づけている。意識は「ついにこの高次の自我が、自分より大きいが同じ性質の何か、また自分の外側の宇宙で行動しながら自分に救いの手をさしのべることができ、さらに、自分よりも低次の存在が遭難したときには至高の避難場所を買ってでる何かの一部であることに気づく[2]」のである。また（フランスのB・コンスタンと同様）ドイツの宗教心理学に広く影響を及ぼしたF・シュライエルマッハーも[3]、聖なるものを、何か無限なるものの展望に向けて開かれ、ある制御不能な現実にたいする依存感情を介して体験された宗教的直観のようなものと同一視している。

このような「自我」を圧倒する感情状態としての聖なるものの記述は、R・オットー[4]の模範的分析によって修正され、彼の古典となった。オットーは聖なるものを、魅了と反発〈*majestas et tremendum*〔威厳と戦慄的なもの〕〉の両面感情〈le numineux〔ヌミノーゼ〕〉によって識別するよう提案する。そしてこの感情は、その結果をある超自然的・超個人的な現実に差し向けるさまざまな知的表象をともなっているのである。

シュライエルマッハーの、さらにはルターとゲーテの影響を受けたオットーは、聖なるものを一個の〈アプリオリな〉感情構造である〈ヌミノーゼ〉*numinosum* に結びつけるが、これは意識がもっている、自分の意志とは無関係な力である「まったく他なるもの」によって操作されているという印象と関係がある。ところでヌミノーゼの経験は、一義的な現れからはほど遠く、両義的かつ両極的であるように思われる。それは、一方では、〈戦慄すべき神秘〉*Mysterium tremendum* という、無限の崇高さや至高の力の前で突然襲ってくるはげしい恐怖の感覚に関係しているが、他方では、何か驚異的で荘厳なものの方へと引きつける力によって表現される、〈魅する神秘〉*Mysterium fascinans* の直観的理解である。ヌミノーゼの感情的プリズムはそのため恐ろしいものを前にした反応から、崇高なものの前における反応にまで広がっている。聖なるものの分析はそれゆえ、これはオットーによると近似的で間接的でしかありえないのだが、深いアンビバレンス、つまり、惹きつけと撥ねつけ、快楽と苦悩という感情のペア、もしくは、S・キルケゴールが言うような「共感的な反発と反発的な共感」といったものを明らかにするのである。こういう内容は、聖堂の静寂と薄暗がりのなか、あるいはまた夕暮れどきの並木のトンネルの下で覚える感傷のなかでなら、よく理解されるだろう。しかしながらこの聖なる戦慄は、つねに、あるエネルギー（ギリシア語の *orgè*）の存在、われわれを自己自身から引き離して動揺させる、何か「まったく他なるもの」の現前を想起させるのである。

しかし、卑俗な現象学に従いたくなければ、どんな高揚体験も、どんな自己を超えるものの内的経験も、どんな自己変容も、聖なるものと同列においてはならない。たとえば、感情生活の急変や激化の状態がすべて聖なるものと一つになると思うのはまちがいだろう。ある種の心的横溢においては、感情体験は、「まったく他なるもの」のその自覚に達するどころか、見境のない過剰な興奮性のなかに消えていく。ときとして幻覚をもよおさせるある種のエクスタシーは、完全な自己喪失に堕して、意識の構造を失わせることになるかもしれない。もし聖なる儀式において、感覚能力と想像力の活性化を意図した特定の技術がたびたび使われるならば、「人工楽園」の組織的な実験は、とりかえしのつかない社会性喪失と聖なるものの意味の喪失とをくり返し引きおこすことになる(5)。

恐怖体験は、聖なるものの感情的境界の典型的な一例となる。たしかにヌミノーゼは、オットーも言うように、力の前では恐怖（ドイツ語では *Ehrfucht*、英語では *awe*、ギリシア語では *aidôs*）要因を含む。ところが深刻な危険を前にした本能的な恐怖は、われわれをある見えざる高次の存在の自覚には至らせなくても、それでもわれわれを動転させる。ヌミノーゼはつまり、外と内のあいだに、ある種の距離、あるゆるんだ関係があってこそ成立するのである。Th・リボーから着想をえているG・ファン・デル・レーウも言うように、聖なるものは、まさに、第一の恐怖（私を轢くかもしれない車の面前における恐怖）というよりは、第二の恐怖（車一台あらわれない寂しい空間の恐怖）に属している。だが反対に、もしわれわれが自身の体力や精神力によって安心感を与えられていたならば、ヌミノーゼは非宗教的な崇高感のうちに自己を美化するしかないであろう。したがって聖なる感情は、限りなく柔軟で可塑的なのではなく、唖然とした「自我」と、平然とした「自我」との両極のあいだを揺れうごいているのだ。このように、聖なるものはたしかに感情的な場に生じるが、かといって、すべての感情的動揺が聖なるものに通じるとは限らない。

聖なるものに潜んでいるこのような経験複合は、聖なるものの人類学的な多様性ばかりか、その知的練り上げの諸形式についての説明をも可能にする。

オットーの記述によるヌミノーゼの両義性は、まず聖なる行為における儀礼化の主要な二形態を明らかにする。実際、あるときは「ディオニュソス型の」表現が重視されている。そこにはとくに、超自然的なものとの接触にともなって起こるとされるさまざまな身体的興奮、ならびに暴力や恍惚にさえも及びうるさまざまな類《たぐい》の「自我」の高揚が集結する。またあるときは逆に、聖なるものはむしろ、守護権力に捧げられた内なる荘重さ、穏やかなる厳粛さ、および崇敬を特色とする「アポロン型の」表現によって引きうけられる。したがって聖なるものは、超人的な力（過剰 *excès* の聖）に近づくべく体験の変化によって支配される極と、目に見えない「力」（崇敬 *respect* の聖）との隔たりと断絶の強調によって特徴づけられる極のあいだで揺れているのである。

その感情的形態がどうであろうと、ヌミノーゼはしかしながら決して直接的な感情状態のうちにはとどまらず、むしろ知的表象の付加によって聖なるものへと真に変化する。オットーはすでに、感情の範疇に認識の範疇を結びつけているが、後者はまさに、不安定な体験を安定したかたちに変えるイメージと概念の場をもたらすのである。神秘的な力の両義的な経験は、聖なるものの語彙である哲学と神学の言語に文字化されている。そのためヌミノーゼは、超越するもの、無限なるもの、絶対的なもの、超自然的なもの、要するに神的なもの、というように多岐にわたる意味の母胎《マトリックス》となる。神的なものはそれゆえ、最初に「イデア」として定立されているのではなく、その間接的な反映、その痕跡や反響のようなものしかとどめていない、ある感覚的-知的な感動をとおして映しだされている。聖なるものの経験は、したがって、これがある他性の場所を用意することしかしない、ある充足の現前を予告することしかしない限りにおいて――いずれもいまだ不確定のままだが――、「神」への神学的なアプローチとは区別される。したがって、聖なるものはわれわれ自身の向こう側を想起させるものの、これもまたある最終的なかたちに閉じ込められているわけではない。聖なるものとは、神的なものという一つの別なる現実の指示と暗示の場所にすぎないのである。

かくして聖なるものは、ある隠れた他性――しかしその現前はさまざまな実存的結果から感知できる――の感情的かつ知的な意識を介入させる、主体と世界とのある特殊な関係として現れる。いくつか

の限界状況においては、「存在」との聖なる関係は、以下のような事象をともなうことがある。すなわち、

・知覚神経面では、強烈な体感変化、さらには忘我や憑依にまで達しうる変化した意識を。
・想像・幻覚面においては、超感覚的な形の知覚（神の使者の出現、天使の幻影など）を。
・霊的な面では、一般に神秘思想に関連づけられる知的思弁（瞑想、直観）を(6)。

II　ヒエロファニー〔聖なるものの顕現〕

聖なるものの感情的経験は、「目に見えないもの」を明かすしるしになる、力と強さの客観的、外的な表れ（これをミルチャ・エリアーデは「クラトファニー」《Kratophanies》〔力の顕現〕と呼ぶ）と不可分である。こうした自然の様態は、聖なるものの経験の原因となるのか、それとも単にそのきっかけにすぎないのか？

1　宇宙の力

自然現象は、世界の日常的な、また予測可能な秩序を根拠づける不変の諸法にしばられている。とこ

ろがある種の事象は、空間や時間のなかに現れることによって、他のものよりも、異常で力強い印象を与えるように思われるのだ。

空間の場合、すでにカントは『判断力批判』（1790）において、自然界には無限の感覚を呼び覚ます二種類の大きさがあることを見抜いている。一つは、われわれの小ささに比べて、自然形態の大きさに関連した「数学的な無限」（高く切り立った山岳）であり、いま一つは、われわれの弱さに比べて、自然の力の強さに結びついた「ダイナミックな無限」（人間の防災手段をはるかに超える天災地変）である。事実、聖なる感情は、とくにある種の場所において（洞窟、泉、奇妙な石）、またはある自然的無秩序のはげしさを前にして（雷、洪水）、あるいはまた、尋常でない地殻変動の結果をうけて（火山活動、温泉源など）目覚める。すでに「旧約聖書」には、モーセやヤコブが、オットーによると〈何かが出る場所〉、すなわち諸霊が帰来し、何か異常なことが起こる、そうした場所に敢然と立ち向かうさまが語られている。

時間の場合、たとえ周期的な反復をもっているにせよ（季節、星座）、自然は、不意に襲いまたその並外れた性格が仰天させるような、桁外れの予期せぬ出来事（日食・月食、地震）を免れているわけでは決してない。

以上二つの場合において、聖なるものの目覚めは、例外的なあるいは桁違いの自然の出現によって促されている。エリアーデもその『宗教学入門』〔本書巻末の参考文献22〕のなかで述べているように、「すべて異様で、奇抜で、新奇で、完全で、あるいは怪物じみたものは、呪術宗教の力の入れ物となる」(p.25)。一般的に、「月」と「太陽」、植物循環や四大(水・空気・地・火)は、ヒエロファニーの諸軸を構成する。到達不能の天空圏はとくに「まったく他なるもの」の威信を手に入れる。夜もまたつねに神聖に覆われてきた。なぜなら夜はまさに己のアンビバレンスを表しているのだから。闇は細部を覆い隠し、われわれの前に世界の隠れた魅惑的な統一を再現する。だがそれと同時に、見ることなしに見られている不安、方向感覚を失ってしまった不安、物音と物影にさらされている不安が頭をもたげ、その物音と物影はたちまちのうちに幻想的な動物誌《ベスチエール》に変貌するのである。そうしてみると、多くの宗教儀式が、ことに死や宇宙のカオスの雰囲気を連想させるために、夜景を利用したり作りだしたりするのも(洞窟、神殿の薄暗がり)当然なのである。(7)

聖なるものという感情の生成における自然の介入は、それが奇妙なものであれ見なれたものであれ、マックス・ミューラーやH・スペンサーが考えたような、聖なるものは宇宙の内面化でしかなく、そのリズムとエネルギーの付随的な結果でしかない、ということを意味しはしない。そもそも、聖なるもののこうした自然化〔超自然的なものなどを自然の法則に基づいて説明すること〕は、たびたび厳しい批判にさらされてきた。たとえばE・デュルケムは、高い文化水準にはない原始人が、自然の不規則性を恐れることはなかったであろうと主張する。他の人たちはまさに、ヌーメン的〔神霊的〕力の創始経験なるものを特定しようとするが、しかしそれは大気圏の自然に属するものではないであろう。その一人G・バタイユは、聖なるものを、生命力の浪費（死、生殖）に直面した人間の驚愕と結びつけ、またR・ジラールは、殺人の暴力を前にしたはげしい恐怖と、E・フィンクは、悪魔的な力にたいする恐怖と、それぞれ結びつける。R・プラディヌは、聖なるものの感覚をある驚愕的な現象における因果関係を知らないことに帰している。

宇宙のクラトファニー〔力の顕現〕の役割（これは一神教に対して疑念を抱くエリアーデによっていささか買いかぶられているようだが）を否定できなければ、聖なるものへの目覚めにおける世界把握の衝撃を過大評価してはならないだろう。なにしろ事物に帰せられた力は、最初はときとして経験的確認からもたらされたとしても、たいていは期待や夢、または投影の表現でしかないのだから。聖なる力は想像的なものを介して体験されるので、どんなものでも、ある時ある場所で、ヒエロファニーすなわち神のしるしになることができる。ということはつまり、自然の力は、フィンクやR・カイヨワの言うように、とりわけ「機会原因」の、あるいは、カール＝グスタフ・ユングの表現によれば、「地上最初の条件づけ」の役割を果たしていると主張できる。したがって宇宙のクラトファニーが、オットーの、聖なるものには真の「解釈と評価の〈アプリオリな〉範疇」が存在する、という考えを否定することはないのである。それに、現代人類学のいくつかの業績は、空間を質的に異なる段階と方位に分割することで、われわれの想像世界の構造の諸傾向を明らかにしている。G・デュランはある反射学の分析をとりあげながら、われわれのイメージと情動が、われわれがそれを使って世界を知覚するところの象徴網に航跡を準備する、感覚運動野全体の主要な反射神経を延長していると主張する。(8) 垂直の姿勢はそうして、神性《ディヴィニテ》の天空への位置づけや、または魔術的飛翔という神話的なテーマの頻出とも無縁ではない上昇運動の、より高い価値づけの説明になりうるだろう。以上のことから、おそらくは、力の自然主義的経験による覚醒がなければ、こうした想像的なものの構造は不活性で空疎なままであり、またその反対に、〈アプリオリな〉構造がなければ、宇宙的な力の直観は理性と意味を欠いたままであったろうと結論できるだろう。かくして聖なるものは、単にわれわれの世界認識の偶発事としてあるのではなく、われわれの世界との関係や、われわれの精神生物学的なあり様の不変の構造としてあるといえる。

2　聖なる人物

事物のあいだにおけるほとんど存在論的な相違の重視は、他者についての認識のうちにも同様に見いだされる。宗教の歴史をさかのぼれる限り昔から、聖なる力を備えた人々の存在が認められる。大部分の人々は祭式係、聖職官吏として、みずからは自身のとり扱う神聖《サクラリテ》を託されることなく、聖なるものの世界にかかわっている。だが、彼らとは別に、ある聖なる人物たち（シャーマン、魔法使い、預言者、メシア、聖人）が存在し、この者たちは、その霊的・社会的カリスマの基礎をなすクラトファニー的な性格によって識別される。精神物理学的な異常、特別の運〈たとえばアラブの〈バラカ〉*baraka*〔幸運〕〉、そして透視や予言の才が、彼らのまわりにヌーメン的感情を生じさせ、彼らの内に超人的な力が現前することを知覚させる。このようにして一人の預言者が、その使命において、幻視、戦闘、あるいは神秘的結合――これはしばしば神々の結婚の象徴体系のなかに転記されている――に関連した、選ばれし物語〔語り〕によって世に認められ、正当化されることになる。

聖なる人物は、本来、己の他性によって定義されるが、これはしばしば彼の行動の異様化と同一視される。それゆえに、病的錯乱がかくも多くの「聖なる熱狂」（E・ローデ）、つまり超能力や聖なる力に変えられた狂気の諸特徴――超常現象――を招来したのであった。病気を正常化することによって治そうとする近代科学の意向とは対照的な、狂気にたいする例の宗教的過大評価のせいで、現代の世俗化した精神医学が臨床的徴候と呼ぶものが一部の聖の媒介者たちのうちに頻発している（シャーマニズム的ヒステリー、一部の黙示的預言者の統合失調症、一部のメシア思想運動家のパラノイア[9]）。E・R・ドッズは、ある種の狂気によって、ギリシア人たちのうちに引きおこされていた恐怖と畏敬を指摘し、また、すでにホメロスよって〈アーテ〉*atè*（悪魔の憑依による一過性の狂気）、〈メノス〉*ménos*（精神錯乱の神秘的行為）、あるいは「聖なる悪」と呼ばれる癲癇に投影されていた、聖なるものの過剰を明らかにした[10]。同様に、マージナリティ〔周辺性、境界性〕の特殊な社会的地位は、狂気（中世の「阿呆船」や宮廷道化師のテーマ）のそれに似通っている。すなわちこのいずれの場合においても、男たちは、社会にとって脅威だが安全弁でもあり、市民権から除外されているが特権は与えられているのである。社会的異常と精神的異常は、したがって、自然の事象に特有の異様なものや並外れたものと同じ威光をもち、また同様にして、聖なるものの多様な表れを明示することに貢献している。おまけに、聖なる人物は聖の活性化の源として役立つだけでなく、己の力の制度化にも関与している。神聖化された存在は、一方では、人間と神のあいだをとりもつ特権的媒介を可能にする。彼をつつむヌミノーゼが、彼を、契約による仲介者以上の、神の発現、使者、ないしは霊能者にするということだ。聖なる人物は、血族関係によって神と同列に置かれることもあれば（メシア思想の場合）、超感覚的な世界へのトリップをわが物とすることもある（シャーマニズム）。他方では、彼は、聖なるものの集団組織に介入し、ある宗教やセクトの始祖となって、その再生や立て直しのために必要とされるか、あるいはもっと単純に、礼拝や祭儀実践の維持に努めることになる。そもそも社会学者は、社会集団が社会的な抗議や反乱を実現するための力を必要とするときには、とりわけメシアが、たびたび出現していると指摘している。さまざまな「カーゴカルト」〔積荷信仰〕や「第三世界」の生得説運動において聖なるカリスマ性は、宗教の領域から、社会政治情勢の全体にまで及んでいるのである(11)。

以上のように、聖なるものの経験は、そのいろいろな様式のもとに、世界と人間との差異認識のようなもの、真の存在論的断絶のようなものとして現れる。これによって人間は、自分が距離をおくと同時に接触したいと望む、ある卓越した他性との関連において明確になる。

第二章　聖なるものの象徴体系

聖なるものの経験がいつまでも個人の内に秘められたままでいることはない。逆にそれは、ある共同体の構成員たちによって共有され、神話と祭式を通じて一つの集団的様式にまとめ上げられてゆく。それは制度となり、人間の想像力の象徴構造に訴えることによって、時間と空間のなかに組織されてゆく。

I　象徴言語

聖なるものに特有の表象と行動の領域は、象徴的な想像力を介して構成される。この領域があるがゆえに、人はもはや、みずからをとりまいている物理的諸現実に、感覚的特性と具体的有用性だけに基づいて関係するのではなく、さらにこれらの現実に、目に見えない超感覚的な世界との関係においても同様の意味と機能とを与えるよう仕向けられることになる。現実を象徴的に見ることで、精神は、知覚の単なる直接与件から解放されるとともに、事物の原義の背後に、これをあらたな深みでふくらませる、第二の、比喩的な意味を発見する[1]。そのようにして、一本の木は、そこに生物学的なまたは美的な属性をそなえた植物のかたち以上の、それも普遍の生命、宇宙の豊饒、生物の不死の、類推的な表れが見てとれるとき、聖なるものとなる。同様に、一本の結んだロープ、これも単に物体をつないだり縛ったりするための道具であるだけではなく、象徴的にみれば、そのイメージのうちに、人間と、自然や時や神々との関係にまで拡大できるさまざまな媒介的価値を集結させている。象徴形式はしたがって、それが潜在的な意味の探求（解釈学の行程あるいはアナムネーシス〔想起〕）の出発点であると同時に、一個の可視的な明確なかたちをとった「見えざるもの」の出現（神体顕現の行程）の到達点でもあることから、聖体示現的《イエロファニック》なものになることができるのである。聖なるものの本質をなす象徴的関係によって、神的なものの超越的な次元は、宗教的なものの神秘そのものを規定するところの現前‐不在に、あるいは想像がつかないものの形象化に、到達する。「真の象徴主義とは、そこにおいて特殊が一般を、夢や影のようにではなく、不可知なものの生気潑剌とした一瞬の現れとして表現する主義である」（ゲーテ）。

かくして、もはやその客観的な属性に応じた物の操作だけにはとどまらず、物の象徴的な価値にも従ったさまざまな振る舞いも現れる。聖餐のパンをちぎって口に入れる一人のキリスト教徒は、まさに聖体拝領のいとなみを行っているのだが、このことがパンの味と外見を無効にすることはなく、行為の食べるという目的性は、キリストの「身体」と「霊」への儀式的で象徴的な参加に替えられている。このように象徴的行為を実行することによって、人は宇宙および歴史との関係をもちはじめ、その行為のうちに、自分を単なる生命活動と適応行動から引き離すための動機づけをえるのである。

聖なるものに固有の、世界のこのような象徴表象は、しかしながら勝手に作った恣意的なものではなく、その表現の人類学的な普遍性を可能にする意味論と統辞論を尊重したものである。二つの原理が、聖なる世界の構成要素の象徴化における諸条件を規定している。

一つは〈アナロジーの原理〉である。聖なる形は、実際、つねに他のいくつもの似たような形を想起させる。それはだから決して唯一でも、孤立してもおらず、むしろ、一連の照応関係のなかに、神的なるものの収斂的で共時的な啓示のネットワーク、いや、ヒエロファニー・システムのなかに位置を占めているといえる。ミクロコスモスとマクロコスモスのあいだ、物質面と精神面のあいだにおいて、どの形ももう一つの似たような、しかも他方の面上にある形を想起させる。たとえば礼拝場の円形は、天体軌道の、おそらくは環状と考えられる形の類似反復であり、またこの形自体が円の原型の類似表現にして、絶対的な充足と完全との啓示である。同様に、天国のような完全な生活の表現は、至福の島のイメージをとおして具体化される。その類似反復は、多くの聖なる庭園を生じさせているが、庭園中央には、池に浮かぶ小島の上に神殿がある。アナロジーはまた、時間の今の瞬間を、もう一つの宇宙的時間秩序のシンメトリックな反復にすることを可能にする。聖なる祝祭の日は、かつて祭りのなかで祝われていた宗教行事と同周期で起こるとみなされているが、そもそもその行事自体が、天地開闢《かいびゃく》の最初の瞬間のアナロジーである。というわけで、中国やバビロニアの新年のシナリオはある神話的エピソードを語るが、そもそもそのエピソード自体がまた、世界の始まりをドラマ化したものなのだ。聖なる空間と時間はそれゆえ宇宙においては、小から大、現在から過去、目に見えるものから見えないものへと、同じ構造がくり返されることを意味するのである。聖なる想像力は、イメージの入れ子の全体を見渡しており、そこでは個々のイメージが、隣接または包含関係にあるもう一つの同類の存在を示している。

二つめは、〈融即の原理〉(ここに未開社会の論理前的心性の基本をみていたM・レヴィ゠ブリュールとは異なり、エリアーデはこれを上記の類似〔アナロジー〕の原理に帰着させている)である。すべて聖なるかたちは、神的なるものへの人間の融即〔participation。別個のものを区別せず同一化して結合してしまう心性〕を可能にする宇宙的力の、まぎれもない循環の場所となる。たしかに、宇宙全体のエネルギーは、聖なるかたちの個々の境界内に集まってくるだろう。とともに、当の事物《オブジェ》のあらゆる部分はどれも全体に含まれた力をとどめている。「一個の聖なる存在物が小分けされても、いぜんとしてそれは、そのどの部分においても全部残らずそれ自身と等しい〔中略〕聖遺物の一片は完全なかたちの聖遺物と同じ効力をもっている。血の一滴はどんなにわずかでも血液全体と同等の有効成分を含んでいる」(2)。融即律とはしたがって、部分は全体に相当する(〈パルス・プロ・トト〉の法則)という意味である。それゆえ、ある部分(木、植物、など)と関係をもてば、全体(生命、神、宇宙)への融即という結果がついてくる。「自分の頭髪のなかに丸く束ねて差し込んだおがくずは、オーストラリアでは、祖先-トーテムが集団移動中に頭にかついだカンガルーの肉を象徴的に表す。そこには美学的な比喩も、技術的な象徴もない［中略］、だが本質的なコミュニオン〔感情的融合〕（融即）がある。イメージはイメージが表象する物〈である〉、シニフィアンはシニフィエと一体である」[3]。目に見えないものと超自然的なものに対する象徴的アプローチはそれゆえ、ミクロコスモスとマクロコスモスとの比較をとおした思弁的行程にはとどまらず、世界と神の生への実存的な融即に通じている。十字架をもつことや、男根状のものに触れることは、卓越した力を抽出し伝達する行為である。このようにして象徴的な活動は、再生や転換のかたちで諸変化をもたらすとか、魔術型の実践を可能にする、新しい力を獲得する機会となる。

II　解釈学的自由

聖なるものの表象と経験はしたがって、目に見える（自然の、または宗教的彫像の場合など人の手で作られた）現実を対象とする。この現実は、たしかにわれわれの物質的なまたは精神的な（聖なるテクスト）世界に属するが、しかし目に見えないもの、超自然的なもの、神的なものを現前させるという独自の特性をもそなえている。聖なる現実はゆえに、これをそれ自身とは別の事物を参照させる象徴的事実として扱うためには、文化的な錬成とその結果として生じる意識的な狙い〔をもっていなければならないが、それ〕がなければ、そう〔聖〕ではないことになる。それだから、聖なるものは、ある人々にとって神聖であるものが、他の人々から未分化の何の変哲もない現実と扱われるならば、(sacrilège〔冒瀆〕と呼ばれる) 瀆聖の対象にもなりうる。直角に交わる二つの木片は、ある人々によって木の枝の組み合わせ――いや算術記号のようなもの――とみなされうるが、他の人々にとっては、キリスト教の「神」と「子」の象徴的なイメージとなるだろう。聖なるものとは結局、こういうものだとわかる必要があるのであり、そのためにはそれに結びつけられて、固定され、共有され、伝達されているにちがいない意味が背景になければならない。まさにそういうわけで、聖なるものはたいていの場合、それ自体が客観化され、名づけられ、社会化された、宗教的なまた芸術的な文化のなかに位置を占めるのである。

というのもある現実は、ただその物質性によってだけではなく、象徴的現実として扱うそのアプローチによって聖なるものとなる。ある物質(火)、ある形(十字架)、ある色、ある場所、ある日のなかに聖なるものを見るとは、これらを他物の表徴として扱うということであり、また、象徴する要素を、神の歴史や関連の超自然的実体への信仰に位置づく象徴されるものに結びつけるということである。そのためには、知覚するだけでは十分でなく、知覚されたものや述べられたことを第二の、比喩的な意味で満たさなければならないが、この第二の意味もまた、それ以前の理解を前提としているのである。ということは、神聖化は、人がすでに前もって聖なるものとそれが間接的に示すものとの結びつきを信じている場合にしか、できないのである。聖なる志向性はそれゆえに、人がある教育、あるいは知の獲得のための基盤を秘密の発見儀式におくあるイニシエーションによって教え込まれた、そのような信仰によって準備される解釈の領域に属するのである。

このような解釈学的な前提は、聖なるものが同時に客観的でも主観的でもあると言いうることを意味する。聖なるものは、それが多くの聖なる物質的現実、すなわち神話や伝達者たちによって共有され伝えられた知をとおして、さまざまな意味が結びつけられている現実に基づいているという点で客観的である。ところが、聖なるものはまた主観的でもある。なぜなら、ある現実が、人の加入している信仰領域によってそういうものと定められ提示されているのでなければ、何ものもその現実の神聖を認めるよう強要することはないからだ。そこから、ある集団に一つの共通の経験と知を与えるという聖なるものの強さが生じるが、同時にその弱さも生じる、というのも、当の象徴体系は、個人として関わってくること、一人ひとりが深い感動（ヌーメン的な）と知的賛同の言葉でもってこの体系を自分のものとすることを要請するのだが、しかし多くの場合、それは当の体系のコーパスの根拠となるテクストを介してなのである。神聖はこのように、加入にかかわる複雑な条件の下にあり、人によってはそこにフィクション、いや、迷信とか意識操作をしか見ない理由もここにある。しかし、聖なるものへの加入体験のある者は、ある特別な――宗教的な――意味に近づけることのできた体験の全体と、さらには、感覚界を「象徴の森」（ボードレール）の観点から読み解くことを可能にするだろう第三の目や第六感のようなものを、活性化する。これらはわれわれに、科学的客観化や認識規範を越えたところにある、もう一つの世界のことを語っている。したがって、聖なるものの生にとってきわめて重要な条件の一つは、神話、あるいは聖なる諸物にその顕現的な現実を割りふる霊感や啓示を受けたテクストに由来する、象徴的な動機づけである。それゆえ、制度不在のもと、主体によって選ばれた投射的な神聖と、ある制度によって「認められた《コンサクレ》」聖なるものを区別することは可能である。まさにそれゆえに、聖なるものは、「自由」というよりは「繋がれて」いることの方が多いのだが、ただ、わずかでも象徴的動機づけが弱まるや、まったく個人的な神聖化のなすがままに任せた、聖なるもののアノミー的な野放しの増殖が引きおこされることになる。聖なる象徴体系のこのような半一貫性をふまえれば、どうしてこの体系が恒常的で普遍的な発現を生みだすことができるのか、ということばかりでなく、どうして、たとえば社会文化的な動機づけが消滅したり中断したさいには、偽りの聖とみなしうるものを発生させることすらできるという、いわば特定の型には収まらないアノミー的な錬成をも可能ならしめるのか、の説明がつくのである。こうした漂流状態からは、結果として、聖なるものと神の実体ないし力（偶像崇拝）との混同と、文化的に明白な神聖化のまったくない現実に基づく聖なるものの自由な再構成とが生ずることになる（一部の反宗教的な運動における聖のパロディー）。それゆえにまた聖なるものは、その社会化と永続化を確実にする儀式と礼拝をとおして、あらゆる文化のなかにある種の安定化を生ぜしめる。聖職者や聖の専門家たちには、自分たちの信仰団体に固有の聖なるものの正統性と普及に留意すべき任務があるのである。その制度化はしたがって、信者や信仰実践者が自由に利用できる聖なる文化を条件づけるわけだが、しかしそれがあまりに形式的になるか知性化されると、ときには文化の枯渇、いや、堕落をもたらすことになるかもしれない。

こういった象徴の可塑性には、つまるところ、聖なるものの存在と認識の限界がある。

一つには、聖なるものは、象徴機能が、事物の不可視な背後世界を退去させる現実主義的・物質主義的な思考によって純化されてしまうか、みずからの内に現実と非現実の混同へと仕向ける異常事態が起こると同時に、消滅する。そのとき聖なるものは、ある患者が自分を常時「神」と同一視しているとか、悪魔に取り憑かれたと思い込んでいるとか、真正の病理的様相に応じて退廃していく。ある精神障害が、超常的な恵みのうちに社会復帰させられうるにせよ、患者の深い無力を象徴的なものの受け入れという結果に導きうるにせよ、その起点となる入口はそもそも社会によって異なるし、今なおむずかしい議論を呼んでいる（たとえば反精神医学や民族精神医学において[4]）。

それに加えて、聖なるものは、減少よりもむしろ超過によって消滅すると考えられる。聖なる存在が、もはや神の象徴的な媒介ではなく、神と一体となっているとき、その存在は、見えざるものの全的現存を利する形で見えるもののなかに消滅する。たとえば、キリスト教のある神学者たちが聖なるものの範疇を「キリスト」に適用することを拒むのも、キリストがもはや人間的な媒介ではなく、現実に「神」の化身だからである（一方キリスト仮現説にとっては、キリストは神の単なる象徴的公現にとどまっている)。

III　祭式遊戯〔あるいは典礼劇〕

聖なるものは、神秘と超越の感情を背景とした、目に見えない他性の表象のみにとどまることはない。聖なるものが十分に体験され、影響力をもち、説得的であるためには、さらにこれを具象化して物語や神話のなかに組み入れ、そしてこれらを、聖なるものを演出し知覚可能なもののなかに刻みつける、さまざまなポーズ、振る舞い、演技、儀式をとおしてくり広げることが必要である。神聖な歴史はこうして一個のドラマツルギーをともなうのである。(5) 聖なるものは、いろいろな物語を生み、それらが今度は演劇化されて反復される。身体の運動と物腰は、その活力と可塑性とを聖なるものの典礼表現に提供する。J・ホイジンガも言うように、「聖なる行為は〈ドローメノン〉*dromenon*、すなわちなされる何かであり、表現されるものは〈ドラマ〉*drama*、すなわち見世物や競技のかたちを呈するような行為である。行為は宇宙の出来事を、表現としてだけではなく一体化としても再現する。その役割は単なる模倣ではなく、交感《コミュニオン》ないし融即である」(6)。ちょうど祈りにおけるように、神的なものとの関係が浄化されて現実を超脱するように思われるときでさえ、行為は、どれほど控えめで荒削りであろうとも、象形的なしぐさを生みだす身体の媒介なしで済ますことはない（十字切り、唇のつぶやき、数珠の扱いなど）。聖なるものの実践はしたがって以下の二点を含む。

まずは遊戯《ジュ》〔原語 jeu の多義性はかならずしも明確に切り離せるわけではないが、本訳では文脈により可能な範囲で、遊戯、遊び、演技、劇、と訳し分けている〕。なぜならば宗教的行為は、世俗的行為と同質でしかありえないのだから。仕事は原因と結果の厳しいつながり、肉体と物質の密接な結合を要求するのに対し、遊戯は、現実原則〔現実生活に適応するために、快感だけを追い求める本能的欲求を一時的または永久にあきらめる自我の動き〕や効率原則のゆるみに起因する自由を導入する。遊戯は、象徴的な、そしてもはや実際的なだけではない動機づけによって、組み合わされ脈絡をつけられた、身ぶりのシークエンスの編成を可能にする。遊戯の身体にたいする関係はしたがって、象徴の精神にたいする関係に等しく、どちらも事物における見えない余剰部分の探究という、超自然的な目的性によって方向づけられている。遊戯と聖なるもののあいだのこうした同性質性は、カイヨワやJ・アンリオによって、疑問視とはいわないまでもそのような含みをもたされ、二人はどちらかというと、遊戯の夢想的で安心感を与える柔軟さを、聖なるものの不安をかきたてる緊張に対立させるのである。にもかかわらず、ホイジンガやフィンク、あるいはR・グアルディーニの言うように、世俗の遊戯《ジュ》と典礼の劇《ジュ》の振る舞いにおける、意義深い共通点を強調しないわけにはいかないだろう(7)。

そして二点めは儀礼。なぜなら、聖なる行為の展開は任意でも即興でもなく、集団モデル、および伝統によって決められているからである。たしかにこの儀礼化というステレオタイプの反復は、聖なるものに特殊固有のものではない。動物行動学はすでに動物の諸反応のなかにこのプロセスを見破っているし、S・フロイトは、「反復脅迫」を「死の衝動」、エネルギーの減損という宇宙の法則と同一視しうるとした。そうはいっても、この儀礼機能のおかげで、人は、最小限の改革と考察でいつでも再現されうる身ぶりの安定的なシークエンスを設けることが可能になる。儀礼形式を採用しているからこそ、聖なる演技は社会規範の統制下にとどまり、度の過ぎた無秩序や「野生の聖なるもの」(R・バスティード)から守られている。儀礼は、儀式的な遊戯において、ディオニュソス的熱狂とアポロン的厳粛との相反する両極間の均衡をいわば保証することになる。このように聖なる演技のルールを体系化することによって、宗教は、雑然とした種々の思いつきを抑制しながら聖なるものの集合表現を統一していく。宗教はまた、ヌミノーゼに触れた人がとらわれる不安に立ち向かう——反復演技は、フロイトも想起させたように、たとえば子どもに安心感を与えている(保護者である母親の不在は、その代替物であるおもちゃの使用によって埋め合わされる)。最後に、宗教は、人間の意識を機械的動作によって解放し、これを神の啓示がまったく自由に使えるようにする。こうした儀式の多様なはたらきは「秘跡」のなかに見いだされる。秘跡は信者を内面深く拘束し、信者に己の人生と救済を条件づける超自然的な性格を与えるが、しかしそれは、万人にとって同一不変の一連の身ぶりによってである(聖なる結婚、聖餐、洗礼、割礼など)。秘跡の儀式やきわめて反復的な行動への参加は、二つの忠誠を実践し表現することを可能にする。神的次元において、その祭儀は教祖の力をあますところなく再確認し、また宗教共同体においては、祭儀は時代を越えて細心綿密に保存されてきた形式を再現する。

聖なる遊戯（*ludus sacer*）の形は文化によっていろいろであるが、といって、分類できないことはない。心理学的には、たとえばJ・ピアジェが子どもの発達過程のなかに、大人の遊びでは共存・競合している遊びの年代順継起を識別している（感覚運動野の遊戯、象徴的な遊戯、ルールのある遊戯）。あるいは社会学的見地から、カイヨワが、人間の遊びを、模倣（*mimicry* ミミクリ）、眩暈（*ilinx* イリンクス）、競争（*agôn* アゴン）、運（*alea* アレア）の四つに分けている。以下のように、これらをその祭儀実践における役割に応じてたがいに関連させせつつ位置づけることは、おそらく有意義なことであろう。

・まずは、一時的で肉体の限られた作用にしか訴えない遊戯活動。たとえば祈禱、奉納、聖物の断続的な操作、そして大部分の私的儀式。

・つぎに、神話を模倣的に再現し、神々の生や天地開闢にふたたび現在性をもたせるのに適した演技。はじめは典礼的であった演技も、模倣的なあるいは闘争的な儀式のまわりに動員される共同体全体の参加をえることで、祝祭的な広がりをもつことになろう。聖なるものの演出は、聖なる歴史の演劇的な説明とか、世界の始源における神々の権力闘争の身ぶり表現による象徴的戦闘を経由する。
・最後に、模倣的で祝祭的な儀式を補完する演技。これは、役者たちのうちに脱条件づけ（不快な刺激を与えて条件反応を消去すること）と極度の興奮による、心身の状態を呼びおこすことによって、とりわけ聖なるものの雰囲気と情的潜在力を再現することを可能にする。眩暈や運の遊戯、トランスまたは憑依の現象は、このような状況のなかで聖なるものの循環と活性化を促す強力な技法となる。仮面舞踊、イニシエーション、そして供儀の三つの儀式が、聖なる演技の多彩な諸相を例証する。

1 仮面舞踊

これはヨーロッパ外の多くの宗教的祝祭においてその絶頂をかざる儀式的演技である。仮面舞踊は、身体と精神、感覚運動野の過剰と仮面上に具体化された象徴伝統の、みごとな融合を実現する。それは何よりも、聖なるものの強烈かつ具象的な現実化を可能ならしめる。踊り手の身体の構えと動きは神話のシナリオを身ぶりで表現し、あるいは様式化する（シバの踊り、アメリカインディアンの「バッファローの踊り」）。踊る人間は、トランスやおごそかな身ぶりによって、その身を神々の形象化された現前に任せ、冥界もしくは天上の、愛もしくは死の、宇宙的な力を具現化する。同時に、仮面（オセアニアやアフリカの秘儀伝授において制作・保存されたもの）のしばしば飾り立て過剰の不可解な起伏は、共同体の聖知をよみがえらせる真の生きた絵本となる。J・カズヌーヴによれば、アメリカインディアン・ズニ族の仮面において、個々の要素は象徴になる。「青い角は、神々の長が善意の人々に長命をもたらすという意味である。魔法使いの右目は彼らが短命であるようにと、小さい。すべての色は、さまざまな概念が結びつけられた祭儀の諸方針と関係している(8)」。

踊りはまた踊り手の変容をまねき、彼は単調な生活における心身の慣習を炸裂させる。身体のリズミカルな興奮、仮面の偶像を介した神への一体化は、いずれも、危険で魅惑的な領域に生きるための、「まったく他なるもの」に達するための手段である。「円運動と跪拝《きはい》、循環とカーブ、平伏と跳躍は、仮面をわれわれの及ばぬ次元に住まわせる。仮面が麻痺して動きを止め、そのリズムが仮面を宇宙のあの漂流に結びつけるが、仮面はその廃止された秩序をほどなくよみがえらせる任務を帯びている(9)」。

聖なるものの肉体表現は、供儀のような強烈な時機において宗教の歴史の演劇化を生みだす元となった。演劇の芸術形式はたぶんこうしたアルカイックな演技に由来するのだろう。ギリシア悲劇は、すでにF・ニーチェが強調していたように、雄山羊の供儀とかディオニュソス賛歌の儀式に由来する。文化の基礎は遊びにあるというホイジンガの主張をやんわり批判しつつもくり返しながら、カイヨワは、民衆の娯楽遺産である多様なタイプの遊びが、どれだけ聖的な起源をもっているかを想起させる。球戯は神々の戦いを真似た闘技の儀式に起源をもち、闘牛はクレタ島の古い牡牛崇拝から派生している。凧は中国では魂の象徴であった。石蹴りは加入儀礼の迷路を象徴化したものであり、その平面図はキリスト教会のそれのなかに保存されている。[10]

2 イニシエーション〔加入儀礼〕

これは、ある年齢層から他の年齢層へ（ただしこのイニシエーションはいつも宗教的とみなされるわけではない）、あるいは社会全体からある秘密結社へ、あるいはまた、ある一般信徒の地位から不犯の人の地位（シャーマン、ミトラ教の神官など）への通過儀礼の役目を果たす祭式遊戯である。[11]加入儀礼のシナリオは、古い人間の死と、高次の神話的知識または叡智を与えられた新しい人格の再生を象徴する。加入儀礼劇のさまざまな瞬間は存在の変化を社会的に客体化し、かつ強度のヌーメン的緊張をともなう経験を通じて、あらたな心的深みへの接近を内在化することに役立っている。この高次の神聖への移行はおおむね三つの段階をたどる。

- なれ親しんだ世界との分離の儀式。イニシエーションは聖所で行われなければならない（森のなかの整備された空間、神殿、フリーメーソンの集会所など）。はじめに清めの儀式（水浴、剃髪、断食ほか）、そのつぎに新加入者の隔離（森のなか、地下室内）が行われる。
- 象徴的な死（多くの場合、神の死をくり返す）。ここには、加入者を相次ぐ失敗によって死にまでもつれていく（地獄降下、怪物との戦い、迷路内での進路喪失）肉体的な試練（彷徨、棒打ちの刑）が含まれる。象徴的な旅の終わりに、不可逆的な存在変化の条件である秘密の知識の伝達があり（秘密の語彙、目印、なぞかけの答えなどの伝達）、そのおかげをもって加入者に勝利がもたらされる。

・最後に、再生を許可する入会の儀式。聖なるものとの過酷な接触を乗り越えて、新しい知と力を与えられた加入者は、そのあらたな社会的・宗教的な地位に結びついた標章と特権を授与される（名前の変更、タトゥー、衣服の着用）。

3　供儀

これは典型的な宗教儀式であるが、ときに聖なるものの本質そのものと混同されることもあり、J・フレーザーやR・スミス以来、たえず理論上のはげしい議論をまきおこしてきた。供儀とは文字どおり聖なるものを生む人間の行為である。というのもそれは、実際にだれかまたは何かを所有と使用とからとりあげて、これを他者すなわち神の裁量にゆだねるために破壊し、永久に放棄することにあるのだから。

供儀は、二つの世界の接触を保証するため、人と神のあいだに仲介的現実（生け贄）をおく。モースの理論によれば、供儀は、神々に捧げられた物体を手つかずのままにしておく奉献とは異なり、人や動物やそれらの代用物の破壊に基づいている。それはさまざまな合目的性によって正当化しうるだろう

（ヘブライの「贖罪の日」における償い、ギリシアの「ブーフォニア〔牛殺し〕祭」における農地の肥沃、メキシコ〔アステカ〕の「ウィツィロポチトリ〔太陽神〕」、もしくは古代のサトゥルヌス祭における神の死の記念）。ある人々は、供儀を、人と神のあいだの単なる物々交換のようなもの、贈与とお返し（*do ut des*）の商業システムのようなものと説明したが、しかし以下のように識別するのが望ましい。

・共同体に帰属する生き物の儀礼的な殺害。これによって犠牲は聖なるものとなり（聖別）、神に捧げられる。
・儀礼的な食事。生け贄を共食することで、共同体は生け贄の聖なる力を取り込み（聖体拝領）、神の庇護の下に成員相互の連帯を回復する。

供儀におけるこの二つの動作は（唯一の行為に合流しているにせよ、それ以上に別々のままであるにせよ）、双方のあいだにつねに力の循環を打ち立てることになる。聖別された生き物の喪失と廃棄（剝奪）を制定することで、社会は同時に一新された力の獲得（同化）をみずからに保証する。供儀の独創性――と逆説的な意味――はしかしながら殺害という暴力行為の選択にある。ある人々は、（父、王、神などの）殺害のなかに、人間がそれによって聖なるものを制定したか、発見したであろう行為を見た（フレーザー、フロイト、ジラール）。供儀は、この最初の殺害を記念することによって、社会秩序を破壊した罪がある原初の暴力の浄化もしくは悪魔祓いの儀式になるであろう。かくしてジラールは太古の社会を、スケープゴートのミメーシス的メカニズムによって定義する。このメカニズムに基づいて、社会は生け贄を神聖化すると同時に、万人に無制限の衝動的な暴力を断念するよう約束させるというのである。キリスト教のみが、聖なるものを凌駕することによって、供儀の暴力に終止符を打っていたかもしれない。キリストの死が暴力なき倫理を創始しているのだから。[12]

起源がどうであれ、あらゆる宗教儀式の本質をなす犠牲は、もとは人間であった生け贄を、しだいに動物の、さらには植物の生け贄に置き換えていき、しまいには犠牲自身を、象徴的な自己犠牲、または己の救済の確保のためには自己破壊さえ厭わぬ自己放棄という倫理的解釈に昇華させて、直線的な進展を遂げている。これは一神教の歴史において、現実の犠牲から精神的犠牲へ、すなわち生の高次の原理に席をゆずるための、生命の損傷行為による究極の昇華図への移行が証明するところである。

Ⅳ　聖なる時空間

聖なるものの現前は、典礼と神話の枠からはみ出て、宗教的人間の世界認識全体に浸透する。こうして、人々の存在を社会のなかに調整可能にする時空上の指標は、聖体示現論理の忠実な表現である象徴的な地理と歴史のなかに組み込まれている。

1　聖なる場所

人は自分の生活環境を、たとえば生存に必要な食糧とか安全に有利な場所を優先させながら、つねに己の必要性に応じて区別する。しかしこれらの（あるいは他の）場所は、ヌーメン的な力に満ちているという理由から、超自然の承認や、厳正な境界画定、要するに聖別の対象となることもできる。こうした空間の社会化にはいくつかの操作が含まれる[13]。

まず場所の選定。あらゆる聖物と同様、空間はヒエロファニー〔聖体示現〕の表徴となる地形的特性を含んでいなければならない。その場所は、「クラトファニー的な」〔力の顕現的な〕地形である山岳、岸壁、洞窟に結びつけることができよう（ヒンドゥー教徒のメル山、ウラル・アルタイ語族のスンブム山、ギリシア人たちのオリンポス山）。その場所はまた異常な出来事によって画されていたかもしれない。ヤコブの夢（『創世記』二八章一〇―二二節）は、彼がその上で眠り込んでいた石を神聖化しているし、雷が一人のギリシア人を襲った場所は、聖域となり、切り離されて（*téménos*）、もはや踏まれてはならないところとなった（*abaton*）。礼拝堂と修道院は、中世においてはいつでも天使や聖母マリアの出現に続いて建立されている。というわけで聖なる場所の選定はつねに、超人的な出来事をその地に結びつける聖なる歴史との関連でなされるのである。

つぎに場所の区分。すべて聖なる空間は、実際にはいかに中心を外れていようとも、象徴的に、絶対的な基準点として、「世界の中心」として構想される。物質界はこのように神的なるものの発顕場所を基点にして、その周囲に再配置されている。エルサレム神殿の岩は、デルフォイのアポロン神殿の岩（*l'omphalos*）と同じく、「世界の臍」と呼ばれている。同様にして、中国の君主の首都は、夏至の日、グノモン **gnomon**〔日影棒を立てて計る初期の日時計〕に影をもたらしてはならなかった。空間の中心はそのとき原初の啓示の〈ああ〉***Heu*** に相当し、またそこは、加入儀式が挙行され、祭りのさいには世界を再生させる原型的な身ぶり劇が演じられる場所となる。なにしろ聖なる場所は宇宙の力の集束地、世界の鉛直軸でもある。たとえば、アメリカインディアンのクワキウトル族の礼拝小屋には、大地と「天上界の門」とを結ぶヒマラヤスギの柱を通す穴がある。他方、空間の個々の方位は、質の点で異なるさまざまな特性に結びついているため、すべて聖域に位置するものは（物でも人でも）向きを決められていなければならない。「東洋」はどこでもより高い価値を与えられている、というのも日の出が、救済の霊光、誕生、不死を象徴するからであり、これに反して、日没の場所である「西洋」は彷徨または死を象徴する。同様に、左・右二つの極性は、特定の場所やしぐさに与えられた優先権を確立する（聖なる空間に右足から入る義務）。こうした空間区分は、基点に応じて向きを決められ、おのおのに特定の文化的・社会的な機能が割りあてられた（二、三、四、八分割の）地帯や地区を生じさせる。セルヴィエによると、サハラの町ウアルグラは「三つの地区に分割され、それぞれが、固有の魔術的極性と明確に定義された経済機能とを有している。たとえば、ベニ・ブラヒムは肉屋の地区とみなされており、その旗の色は黄色。ベニ・シシムは職人と商人の地区で、旗の色は赤い。ベニ・ワグインには農耕民が住み、旗は緑色だ〔中略〕。三つの地区は、町の守護聖人の神殿であるシディ・ウアルグリから放射状に延びている。おのおのの地区は同時に神殿でも親族集団の集会場所でもある、四つの〈広場〉*jemaa* に分割されている」（前掲書、p.265）。一般に、敷地の価値は聖なる中心との位置関係で決まる。聖なる場所の外側の地帯（外部空間）は公正かつ中立である。移行地帯としての境界空間は、聖なるものとの接触に先立って、準備と浄化のための儀礼的な行為の機会になる。神殿の前庭（ギリシア語で *pronaos*）や建物の戸口は特別な潜在力をもっている。たとえば、ローマ人たちは閾《しきい》の上に立ち止まることを禁じていたし、エルサレム神殿の第二中庭は他種族の人たちには立ち入りが禁じられていた。最後に、多くの禁忌によって保護されている場所の内部（内側の世界）は、ヌーメン的なものとの接触空間になる。聖なる空間にとどまること、それは俗なる世界の法から遠ざかることであり、侵すべからざる清浄に至ることであるが、このことがたとえば聖堂における不可侵権を生じさせることになった。聖なる場所の地理的分布もまた、高尚な宇宙地理学に従っているのかもしれない(14)。

最後に場所の構築。聖なる場所の自然景観は、人工の建造物によって（田舎の十字架から、エルサレムやメッカやローマの宗教建築群まで）、そのヒエロファニー的な価値が確固たるものとなる。宗教建築は、礼拝堂をマクロコスモスの象徴的な反復にするように留意する。神殿は東に向けられ、十字形の平面構成は類推に基づいて宇宙の諸方位の十字路を表している。四角あるいは丸い形（円積問題）は、霊魂と宇宙の完全無欠の祖型を再現し（ヒンドゥー教の曼荼羅 *mandala*）、インドやバビロニアの神殿（*xiqqurat*）の層は、神話の七天、または地上を天国とつなぐ七段梯子と同じように七つである。神殿の比率は、ピラミッド、アテネのアクロポリスないしはゴシック大聖堂の見取り図のなかで、あるいはさらに、ウィトルウィウスとレオナルド・ダ・ヴィンチの作品のなかで、黄金比が果たしている役割を見ればわかるように、数霊術の伝統に則っている[15]。

2 神話の「偉大な時間」

時間性は空間の分化と同じような分化の対象になる。ちなみに神殿 temple と時間 temps の語は、同じ語根から派生していると主張されることすらあった（H・ウーゼナー）。ともあれ、宗教的人間は過ぎ去る時間について二つの評価をもっている。社会的な時間と、神話の「偉大な時間」もしくは聖なる歴史の時間である。実際、経済活動の時間は、いくつかの切れ目、暦のなかで範囲を明確に限定され、その期間中に聖なるものとの特権的な関係が起こるいくつかの時期によって中断される。というのは、聖なるものとの出会いは、日常的に、またはにわか仕立てにありうるにしても、にもかかわらず、宗教生活の強化のための特定の日々というのが存在するからである。こうした時期と時期とのあいだは、とりわけ吉か凶かの「運命を左右する」期間となる。ときにはカレンダーですら、毎日を、神の仲介的人物（キリスト教会暦法における諸聖人の役割）に結びつけることによって区別する。この聖なるミクロ〔コスモス〕の時間性の選択は、宇宙の大連関と密接に関係している。たとえば、月や太陽の象徴的意義、至点〔夏至・冬至〕あるいは分点〔春分・秋分〕は、ユダヤ、ローマ、またはキリスト教の暦がいまなお四分割されているほどに、時間のあらゆる分割に秀でた時として役立っている。要するに、聖なる時間は、労苦の時間の慣習や規範の、中断ないしは転倒によって特徴づけられているのである。モースは、エスキモーの行動における季節的変動を例にとって、つぎのように説明した。この集団では、夏は四散して各自が経済活動に拘束されるが、冬になると、聖なる儀式、性生活の廃止、そしてまた神話の伝達を中心にいとなまれる厳しい共同生活が支配的になる。このようにして、聖なる高揚の時期と、遊牧生活における弛緩の時期とが交互にやってくる。こうした見地から、聖なる時間は、神々の神話的な時間、すなわち原初の出来事が継起する「偉大な時間」（G・デュメジル）と混じり合うのである。聖なる時間の間隔はまさに「偉大な時間」の相似反復であり、人間は、祝日の期間中、起源の時代の同時代人となることによって、社会と宇宙の復活を保証するための力を手に入れる。

象徴的な地理と歴史は、巡礼の儀式において緊密に結びついて見いだされる。他の多くの儀礼とは違って、巡礼は、おびただしい信者の同期化とまとまりを、また共同体の移動と集中の周期性を象徴的に組織化する暦の尊重を、強く要求する。ヘブライ人たちはかくして、年に三度、エルサレムへ巡礼に出かけるのであった。まずは早春のころ大麦の収穫期に、子羊の供儀〔過越祭〕を記念して。夏の終わりは小麦の収穫期に、初物を祝うために。そして秋の収穫期には、収穫祭にちなんで。巡礼はその時空にかんする象徴体系を使って、とりわけ尊崇にあたいする聖なる性質を伝達する。そうしてイスラム教徒は、聖なるものとされて（*Hadji* ハッジュ〔巡礼を済ませたイスラム教徒の称号〕）メッカから戻ってくる。最後に、巡礼は社会全体での参加——たとえば一斉休業、民間の建物（宿屋）や宗教建築（サン・ジャック・ド・コンポステラ街道の神殿群）の整備、大量の信心聖具の製造（奉納の小像、記念のメダルなど）——を前提とする。(16)

つまるところ、象徴的な表現と技法は、人間が仕事と物理的関心事の一次元の世界から脱けだすという結果をもたらすのである。それらのおかげで人間は、閾《いき》と中断によって区別され、また自然と人間の多様なかたちとリズムに意味を与えうる背後世界へと開かれた、そうした世界のなかに身を置くことが可能になる。

第三章　聖なるものの文化人類学

聖なるものの経験は象徴、神話、および儀式で構造化されており、つねに何らかの制度によって引きうけられ、少しずつ文化のあらゆるかたちに浸透していく。たとえば宗教の基礎を据え、階級的・政治的秩序の形づくり（制度化）を推し進め、社会的行動を象徴作用をとおして調整するように保証するのである（たとえば祭りによって）。

I　聖職者階級と聖職者の権力

1　聖なるものの管理

聖なるものは、共同体の全成員によって体験され儀式化されるのではあるが、全員が同じ仕方でこれに近づくわけではない。ヒエロファニーは、とくに聖なるものを識別し、確立し、そして伝達するのに十分な資質と自由のある人たちを呼び寄せる。聖なるものはしたがって聖のスペシャリストたち（易者、入門指導者、供儀者、祭司、書記、朗唱者、律法学者など）と切り離せない。彼らはほとんどどこでも、聖職者階級（兄弟会、セクト、同職団体、教会）、または、任務区分や社会成層にかかわる分野別集団を構成している。この聖職者の仕事は三つの性格によって規定しうるだろう。

一つめは宗教的知の保持。これは一般の知識とは二重の意味で区別される。まず量的な面から、伝統（それもとくに口承）の保存は、集団記憶の保管者として格別に有能かつ手腕ある人に託されなければならないという点で。また、質的な観点からいえば、およそ聖なるものは、秘儀伝授（秘密結社、密儀）であれ、教義教育（ユダヤ教の〔教義を解釈し教える〕律法博士、コーラン学校）であれ、それらの過程を経た特定の人々にしかわからない難解な言葉を含んでいるという意味で。

二つめは、聖職者の権限と召命の証拠となる固有の卓越した力の付与。それゆえに聖職はつねに、あるいはカリスマ・タイプとしての事前選定のしるし（ヌーメン的属性、超常の才、預言機能）を、あるいは叙任儀式（イニシエーション、清め、去勢、貞潔の誓い）を要求するのである。聖の専門家は、共同体にたいしてさまざまな義務を負うにしても、何よりも共同体の聖なる行為（予言、トランス状態、供儀など）を実践、管理、そして承認する権利を専有している。こうして専門集団の権限下におかれた権力の集中は、三つの主要な任務を遂行する。

・第一に、信仰と儀式を社会組織のなかに浸透させて、その共有と伝播を確固たるものにすること。聖職者は教権ならびに聖なるものの布教権を要求する（教育、熱心な勧誘、改宗、宣教）。
・第二に、信仰実践の組織化をとおして聖なるものの管理に寄与すること。聖職者は、あるいは生産的労働に拘束されている共同体成員に成り代わって、あるいは信者と神の仲介者として振る舞いながら、典礼を実施する。したがって聖職者は、受託者や代理人や仲介人として介入するのである。
・第三に、儀式と信仰の正統性および正統実践性を保証すること。事実、聖職者は、異端定義を任とする教会内組織のおかげで逸脱に対処でき、古来正統とされる伝統に依ることで忘却を回避でき、ときとして秘教主義を取り入れることで行き過ぎた通俗化から聖なるものを守ることができる。たとえある社会に明確に分離された聖職者階級がなくても、そうした社会はかならずや特定の人間に、儀式と信仰を保証する役目を与えることになる（イスラム教におけるコーラン法の専門家〈ウラマー〉*oulémas* や、霊的指導者〈イマーム〉*imams* の役割）。

聖職者の地位における三つめの性格は、彼らの知と力の名において付与された特権の占有である。アッシリアや専門信徒団（古代ローマにおけるアルウァル兄弟団、ルペルクス神官団、サリイ祭司集団）の聖職者たちのように、大修道会の内部に生きているにせよ、または個別に生きているにせよ、聖なるものの役人たちは独自の法に従っている。彼らは一般に、聖なる場所や少なくとも分離された場所に生活し（神殿、修道院、司祭館）、服装によって区別される。彼らの強固に儀礼化された振る舞いは、厳格な規範の尊重を意味している（清めの儀式、食物上の禁忌、独身、神聖売淫〔大地の豊穣を祈る宗教儀礼〕など）。こうした宗教的拘束は、彼らに世俗の義務を免除する。彼らは兵役、納税、そしてとくに生産的労働を免除されている。したがって彼らの生活は、その必要に応じる世俗の共同体によって引きうけられる（物質援助、寄付、教会維持献金、給与）。聖職者はまたしばしば固有の財産と富を有しているが、これに関し独自の法的資格を付与されている。たとえば、彼らの土地は譲渡できないが（イスラム教の永代財産 *habou*）、公職については、ときおり相続権によって譲渡される（バラモン、ドルイド僧）。ある場合にはしかしながら、社会から離れて生活する自律的な修道者共同体が作られる（修道院制度）。とはいうものの、歴史上、修道院は地域全体にとってしばしば経済的・文化的発展の拠点であったのではあるが（中世におけるベネディクト会とシトー会の役割）。

2　教権と俗権

聖職者の権力は、社会における他の諸権力の配置とヒエラルキーを条件づけることになろう（とりわけカースト制度のヒンドゥー教的ピラミッドが物語っているように[1]）。この権力は、ヒエロクラシー〔僧侶政治〕の創設のために政権を吸収しようとすることもあれば、宗教的な教権と非宗教的な俗権とがまずまず釣合のとれている、二頭政治のようなものに甘んじることもある（「王座と祭壇との同盟」）。

ある場合には、聖職者階級が最高権力を要求し、政治的なものを宗教的なものの下に置く。君主はそうして、みずからの権力の根拠を「神」に置く「大祭司」の人格と一つになる。バビロンやインカ族においては、社会は正真正銘の神権政治、教権と俗権の融合を経験した。極端な場合、王の人格そのものが神格化される。古代エジプトでは、当初はヘリオポリスの祭司たちと王による双頭であった政権は、ファラオをオシリスの代理人として神聖化することに逆らわなかった。また神授権による新しい主権は、のちに、真の国家崇拝の誕生を誘発することになる。ローマ帝国では、アウグストゥスが、帝国宗教を出現させるより前にいくつかの聖職（大神官）をわがものとする。彼はみずからを神の子であると宣言し、もっぱら皇帝のみに捧げられ奉納された神殿をいくつも造営させている。(2)

それでも、ほとんどの場合は、教権は固有の世上権によってバランスを保たれている。G・デュメジルは、インド＝ヨーロッパ語系民族の観念形態のなかに、社会的機能の三分割を発見した。すなわち、法的・宗教的主権機能、軍事機能および、とりわけ生産的労働と結びついた豊饒機能である。ところで、呪術裁判主権をもつ神々の神話的ペアにおいては（ヒンドゥー教のバルナとミトラ、ローマのロムルスとヌマ）、権力はつねに両極的であるとみなされている。一方に、祭司たちの長（*Flamen dialis*-*brahman*〔ジュピター大神の神官－ヒンドゥー教の最高神〕）がいれば、他方には君主制の大物（*rex*-*rāj*〔王（ラテン語）－王（サンスクリット）〕）がいる。(3) キリスト教において、聖パウロ信仰は、すべての権力は神に由来するとしながらも、聖アウグスティヌスに二つの国の対立を主張することを許した。つまり人間たちの国と「神の国」であるが、前者は、その不完全さゆえに、まったく霊的な後者と一つには決してなりえない。G・デュビーは、封建主義の精神範疇のうちに、権力における例の三分割をふたたび見いだした（*pontifices-oratores*〔司教・雄弁家〕、*bellatores*〔武人〕、*laborantes*〔労働者〕）。教皇庁と、フランス王国あるいは神聖ローマ帝国との抗争の歴史もまた、各タイプの権力に特有の抵抗を物語っている。

伝統的に政治主権機能は、社会の総体が、そこを通じて神々の高次の面とつながる場所を占めている。王はまずその権限を臣民の実質的な合意からではなく、神の意志から引きだすのであり、これを口実として、王は社会の、宇宙的一般秩序への服従を保証する。王はまさに聖性示現的な人格そのものとして、恐ろしくも魅惑的である。王はまた、社会的総体の代表として、強制・支配権力であるとともに保護権力でもある。政権はしたがってその合法性を根拠づけ、その民衆向けの表象を確固たるものにするために、聖なる儀礼化を採用し、己の内に組み込むことさえできた。聖なるものはこうして、第一に、王をその機能において即位させ（フランス王の聖別式、アフリカ王の霊的姦淫）、第二に、人々が祭りによって宇宙の疲弊した力を周期的に一新するのと同様の理由で、王の権力を定期的に更新し（アフリカやバビロニアにおける王の象徴的殺害の儀式。これは供儀のプロセスに従って社会の悪を排出し、社会を再生させることを可能にする）、そして第三に、王に超人的な権限を与えることに（従臣に対する生殺与奪の権、財産領得権、大逆罪の原因となりうる王のタブー的性格）、それぞれに役立つことになったのである。政治機能におけるこのような神聖性はフランス「王政」のなかに例証がある。たとえば古代イスラエルの王たちのように、フランク族の王たちも、とくにシャルルマーニュ以降は〈聖油を受け〉*oints*、その任務において「神」の庇護を受けており、歴史における神の代理者である(4)。叙任式は教皇による聖別を含み、王は奇跡を起こす力を与えられている（一八二五年になってもなお、シャルル十世は瘰癧《るいれき》を治すために按手を続けていた）。この神聖化は、まれな場合（たとえば、ホーエンシュタウフェン家のフリードリヒ二世は世の終わりまで生き延びると考えられていた）を除けば、神格化において踏み外すことはなかったし、教皇の教権の自律に決着をつけることもついぞなかったが、しかしこれは、まさにある人々に言わせれば、権力における倫理と義務の創始を可能にしたのだった。というのは、もし王が神から権力をえるとすれば、彼もまた神の前で自分の行いを正当化せねばならないのであり、そしてそれにともない、宗教は、統治する権利を与えるだけではなく超越的現実への服従義務をも根拠づける、権力の制限のための制度となるからである。結局のところ、権力の神聖化は、王の二つの身体の区別に立脚している。一つは偶像崇拝という極端な場合においてのみ聖化される現実の身体であり、もう一つは、神聖の紋章（王杖、王冠、緋色）が付与された、王の機能の刻印場所としての象徴的な身体である。

3 法

権限の行使を枠づけるものとしての法の概念は、宗教的なものに関しては解放が遅れ、地理的に限られた範囲にとどまっているが、聖なる象徴体系の内にあってはつねに発展変化をしている。正義と不義の定義は、元来、人間たちによって制定された諸法（ギリシアのディケ、ローマのユス）とは逆に、宇宙の秩序・無秩序のイメージや、神々（ギリシア人たちのテミス）の至高の意思に従って決定されていた。司法機能はしばしば、死刑執行人の聖なる特権や国家元首の恩赦権にまで見られる象徴的なプロセスを援用する（神明裁判、スケープゴートの技法）。なるほど、神の法（*jus divinum*）や聖なる法律（*lex sacra*）、あるいは「神」によって人間に啓示され命じられた掟（たとえば「十戒」）に頼ることは一般的ではない。が、しかし、伝統的な実定法における法律の条文はほとんどつねに、その効力を保証しまたその批准を正当化する、聖なる承認を要求している（*lex sacrata*）。J・エリュール[5]は、彼らの法律が異例の合理化を遂げたようにみえるローマ人たちにおいてさえ、まさしく二つの合法性の相互浸透があると指摘する。つまり、神々から与えられ、神々から人間に許可されているものにかかわる法（そこから道理 *fas* と非道 *nefas* の範疇が生じている）と、〈ユス〉*jus* という人間の法である。さて、歴史の進展は人間によって規定されたあるタイプの事柄の創出をもたらした。それらはしかし真に世俗的でもなければ、神々に捧げられて（*sacer*）もいない、だが神々によって承認はされている（*sanctus*）。近ごろG・アガンベンは、政治的なものの主権を明らかにするために、聖なるものについてのある法的－

象徴的な解釈に注意を引きつけた。ローマの〈サセールタス〉*sacertas* は、神々に捧げることはできないが、罰せられずに殺すことはできる罪のある人間、すなわち神の法にも人間の法にも属さぬ人間を指すのだと指摘した上で、彼はつぎのように推測する。このように仮定された聖なるものは、主権を、剝き出しの無感動な生にたいして全面的な影響力をもつ特別法のようなものとして正当化しうる、と。(6)

II　社会的なものの象徴的制御

聖なるものの文化的機能は、最後に、他のあらゆる社会的活動の制御としての役割のなかに見てとることができる。信仰および聖なる儀式は、暴力の宗教的象徴体系と仕事のそれが示しているように、社会の諸現象に象徴的な意味と方向とをつけ加えて、それらの不調和なまたは破壊的な形式や結果を統合し、秩序だてることを可能にする。

1　暴力と聖なるもの

あらゆる類の社会的共存はかならず、物理的攻撃性、エゴイズム、または財産・威信・性行動にかんする対抗意識といった、闘争的な性向や態度にぶつかるものである。そのためどんな文化も、フロイトが想起させたように、反社会的な衝動の制止とか厳しいしつけという抑圧機能を含むのだが、けれどもそうした衝動の表出を消滅させることは、少なくとも一時的なものについては（犯罪行為、社会紛争、戦争など）、絶対にできない。大いに世俗化され、法と政治が合理性と契約の観点から言明されてきたわれわれの社会は、調和的で平和的な社会関係を確立するために、そうした種々の無秩序を説明づけ、予防し、また根絶さえしようとする。ところが歴史は反対に、聖なるものの優位に基づいた大部分の社会が、諸禁忌によって、欲望と暴力の野蛮な表現を規制しながらも、暴力という理解しかねる閾《いき》を受け入れ、かつこれを社会性の構成要素とすらしたことを明らかにしている。宗教の創設物語はほとんどつねに原初の殺人に言及しているが（タイタン族によるクロノスの殺害、オーストラリア神話の巨人兄弟の殺害、聖書中のカインによるアベルの殺害など）、こうした殺人はかくして、人が自分の時間性のなかでふたたび体験し、際限なくくり返すことしかできない神聖な歴史の出来事となる。それ以来、暴力の象徴的な解釈は、暴力を人間の秩序に対する、破滅的で、徹底的に破壊的な過激行動《エクセ》とは別ものにする。それで伝統社会は、上流の流れを排除するわけではないダムをせっせと築きつづけるよりも、むしろ、暴力の結果のいくつかを手なずけて仕上げることによって下流に働きかける方をしばしば選んだのであった。この世界観は、エリアーデによれば、人間にとって「残酷や殺害を自分の存在様式の一部として受け入れることにあった。たしかに残酷、拷問、殺害は、「未開人」だけにみられる特殊な行動ではない［中略］。違いは何より、この暴力行動が未開人にとって宗教的な価値をもち、超人間的モデルを手本にしているということにある」[7]。暴力は、実際、聖なるものによって取り込まれて、まさにそのヌーメン的な力を表現する。聖なるものの儀礼的な操作はゆえに、この暴力のエネルギーの大半を吸収することになるが、この操作がなければ、エネルギーは予測も制御もできない循環に巻き込まれてしまうことだろう。ある種の文化、または少なくともある種の儀式は、本来、たしかに抑制された感受性とアポロン的な厳粛さを中心に構成されている。としても、模範的な儀式が、こうした暴力の懐柔と、その象徴的な転換に基礎を置いていることに変わりはない。エリアーデは、カニバリズムのような儀式ですら、自然の存続を保証するために、神の咀嚼の再現実化というシナリオに結びつけられうると説明した。また、ジラールの提示したところによると、供儀は、スケープゴートと化す犠牲の上に投影された原初の暴力の適正化プロセスとして解釈でき、そしてそのプロセスが三つの動きを、すなわち、暴力を存分に溢れさせ、暴力自体に意味を与える別の秩序に暴力を移しかえ、そうやって暴力を避けるために暴力を断念させる、という三つの動きを、同時に可能にするというのである。祝祭はおそらく実質的で象徴的な暴力の最強の集中儀礼である。闘技、性的放縦、暴飲暴食、ダンスによる感情生活の激化、お祭り騒ぎ、これらはいずれも暴力の伝播のための手段であるが、しかしこの暴力たるやつねに神話的伝統の監視下にあり、既知の時空世界の範囲内にとどめおかれている。祭りが終わると、経済的なものと法的なものを強制する秩序がふたたび適用される、だが、その欲求不満を引きおこす重苦しい圧力は弱まっている。聖なる祭りの暦とシナリオはこうして無秩序と過激の間隔調整を可能にする。すなわち、暴力を聖なるもののなかに組み入れることによって、伝統的な社会は、社会的な永続と、社会的な破壊や内破という抑えきれない力とのあいだに一種の妥協を実現させるのだ。神々と神話はしたがって、ただ単に人間の秩序を超越的で目に見えない次元に従属させうるだけでなく、社会的領域のまさに内部において、対立的で険悪な緊張の制御のための、平衡を保つためのプロセスを生じさせることもできる。いずれにせよ、これが大きな祝祭行事の、たとえば中国やバビロニアの新年祭の、あるいはカレドニアの舞踊ピルーの、さらにはオーストラリアの〈インティチウマ儀礼〉*Intichiuma*、古代ローマのサトゥルヌス祭や、ヨーロッパのカーニヴァルの役割の一つであった。その期間中、社会秩序は崩れ、挑戦の的にもされるが、それは単に聖なる遊戯の行われるあいだだけのことである。

聖なる暴力における過剰と規則の結びつきは、たとえば戦争のような、ある種の集団暴力のなかにも例証される。社会相互の戦闘は、最初は敵（*inimicus*）に対する死闘のようなものではなく、相手（*hostis*）との遊戯的な対抗儀礼のようなものとして行われている。現実の戦争（領土や財産の争奪戦）は、神話の神々の戦いを手本とし、儀礼的なコード化に従うが、それへの違反は策略や暴力のではなく、冒瀆のしるしである。それゆえこれらの闘いは、演劇化された様相を帯びているとともに、信仰実践によって条件づけられている（夢のなかの成功のイメージ、禁欲の覚悟など）。対決のときは聖なる暦に由来する基準によって決定され、戦闘の開始前には卜占または魔術の儀式が執り行われる。また、戦争捕虜はしばしば生け贄儀式のなかで聖なる存在になる（太陽の神々に捧げられるアステカの捕虜の供儀)。古代の多くの戦争儀礼はキリスト教化されたので、中世文明は騎士道的な戦争の理想にますます高い価値を生じさせることになった。かくて戦いは、馬上試合においては聖なる戒律に従い、講和(「神の休戦」)の場合は、「神」の庇護の下におかれている。「聖典」宗教は「聖戦」(イスラムのジハード)の観念を組み込んだため、キリスト教徒たちは、十字軍遠征に神学的な根拠を与えることができた。暴力は、聖なるものを受け入れやすいため、ある場合にはまさしく「創設的暴力」となるが、逆に聖なるものもまた、暴力のなかに、みずからの完全な儀礼的劇化のための感情的な刺激と、エネルギーの活力を見いだすのである(8)。

2 生産と「蕩尽」

現代の経済秩序は、ある集団の欲求充足や、生計・贅沢財の生産のための単なる手段とみなしてしまうことはできない。それどころかこの秩序は、そこにおいて人が無為の時間、エネルギーや金銭の浪費、富の損失や無秩序な蓄積を回避するために、生産・交換機構を消費者人口に、また逆も同様にぴったり適合させようとする、一個の緻密で拘束力のあるシステムになった。その結果産業社会は、有用性と収益性の面で価値があるとされる労働の形式と基準を画一化し、強化してきたのである。だがそれとは逆に、産業革命以前の社会では、聖なるもののプレグナンツ〔ゲシュタルト心理学の用語で、知覚された像などがもっとも単純で安定した形にまとまろうとする傾向〕は、労働、交換もしくは消費行為に、まったく別の輪郭（A・ヴァラニャックやセルヴィエによって高く評価された）をあてはめていた。

現代の商業社会の一番の目的は、人間の物への支配力を高めるということである。それゆえ労働は、主要なまたは独占的な価値、集団の幸福の推定源泉として、社会の空間と時間に侵入する。これとは反対に、伝統的な社会の時間はしょっちゅう祝祭的急変によって中断される。祭りのあいだ、人々は財産の合理的管理を気にもかけずにおびただしく金を遣い、仕事の日常的な拘束は、社会的・宗教的な生の強化にとって代わられる。シャリヴァリ、若者儀礼、カーニヴァル、行列、さらには大規模な市や宮廷祝宴までもが、十六世紀から十八世紀のヨーロッパにおいて、今日では類のない熱気と深みとを日々の体験に与えたのであった。一八〇〇年頃になってもなお、農村の労働者たちは、年の四分の一は祭りのために休んでいる。聖なるものの組織化はこうして仕事の圧力をゆるめ、仕事をもろもろの欲求と義務の階層体系のなかで相対的に見ることを可能にするのである。

工業時代における仕事の究極目的は、即時的にせよ据置き（一般市民の蓄積の場合には資本蓄財や投資の形で）にせよ、個人の消費に向けた商品を生産することである。与えられた仕事は給与に交換され、給与は消費に加担させられ、消費が今度は生産の需要をさらに高める。このような生産－消費の経路はしかしながら伝統社会における経済を説明するには適していない。なぜならそこでは、生産された財の大半は利益をあげないどころか、儀式や遊戯のほうに逸脱してしまい、つまりは、まさにバタイユが『呪われた部分』のなかで「消尽された」と述べたように、非生産的な方法で破壊されてしまうからである。聖なるものの制度はもちろん、生計の構造と同じ理由で、労働と富の蓄積を必要とする。礼拝所のメンテナンス、祭礼と祝祭の進行のためには、金と人手を動員せねばならないし、ピラミッドやカテドラルの建造は、採算外にもかかわらず複雑な様式の共同作業が必要となることがある。宗教の一大中心地はつねに（しばしば恐るべき）財政権力を握った。同様に、何であれ宗教的祝祭の組織化は、経済的に骨の折れる準備を前提とする。たとえばA・メトローは、イースター島の〈コロ〉*koro* 祭協会が、どのようにして主催者たちに、耕地面積を倍増するよう、あるいは家禽の飼育を強化するようにと強制するのかを説明している。経済的な動機づけはしばしば供儀や祝祭の主催者間に、ほんものの競争を設立することによってさらに高められている。そこではだれもが富の見せびらかしを通じて威信や名誉を少しでも高めようと必死になるのだ。だが、この経済プロセスは、聖なる生活の出来事のなかで突然断ち切られることになる。祝祭が、蓄積された富の、返礼も物質的利益もない、強烈な瞬間的浪費として現れるのである。経済的なものの領域は人間の経済的な執心をかきたてるどころか、むしろ逆に、非生産的な集会、無償性、および富の華々しい破壊の場所となる。

経済工業世界は、経済機能を（生産者と生産財所有者とに）二分し、生産された財を匿名の商品に変え、消費行為を、その価値ではなく価格によって規定される商品の獲得に還元せざるをえなくなった。これによって、社会的労働は人間疎外を引きおこし、また経済世界は抽象的な交換に制限される。反対に、伝統的な経済機構は、連帯と共生を維持し活気づけさえするような状況、さまざまな（家族間、氏族《クラン》や民族間の）絆を深めるような状況を促進して、交換を、贈与とお返しのやりとりにする。R・ヘルツは二十世紀初頭においてなお、聖ベスの守護聖人の祝日に、自分たちのもっとも高価な財（雌牛、ウェディングドレス）を土地の聖人に贈るアルプスの人々に感嘆している。ちなみに、これらの品は追って競売にかけられるので、だれでも自分の好みの財をそれに値をつけて買いもどすことができる。一般に、太平洋沿岸のインディアンやメラネシアの諸部族は〈ポトラッチ〉の儀礼を行う。これは、ある共同体にとって、派手で豪華な贈り物によって他の共同体と張り合う機会であるが、受贈側は、後日の交換のさいにこの挑戦に応じなければならない。バタイユも言うように「ポトラッチは、商業のように財の流通手段であるが、ただしそこに価格交渉はない(9)」。ときおり贈与は、受贈者から神々に提供された、富のおごそかな破壊にとって代わられる。あらゆる場合において交換は、神々を称え、ライバルどうしのあいだに信義の絆を作りだし、そしてそれ自体の力を華々しく示すことを可能にする。〈ポトラッチ〉はまさに全体的給付の一つの例である。

結局、経済価値が聖なるものの社会的圧力に直面しているとき、労働はもはや、所有の源にしてこれを持つことの倫理であるのみならず、贈与の機会にしてそうであることの美学でもあるのである。人はそのとき、たくわえた財貨の量によってではなく、無駄に、あるいは神々のために遣った財貨の質によって、ある「卓越」に到達する。労働はもはや単に生活様式のみにあらず、まさにライフスタイルでもある。それは象徴的次元に面し、永遠に商品価値に転換されずに、無益な浪費をもたらしている。聖なるものはしたがって、欲求の世界を利益と有益の要請だけから引き離すことを可能にするが、経済は逆に、聖なるものと自己超克の経験を、生活様式の私的なかたちにまでおとしめる。

第二部　聖なるものの理論

聖なるもの《サクラリテ》の現象の記述は、その性質、その価値、その変容に関してさまざまな解釈を引きおこしてきたが、そこから現代性における哲学・観念論上の大きな対立が見えてくることになる。

第一章　聖なるものの性質

聖なるものの観念のあり方は、聖なるものがどのような概念と相結びあるいは相対立しあっているかによって、そしてまたそこではいかなるアプローチ方法がとられているかによって、条件づけられる。西洋の人文社会科学において、十九世紀末以降聖なるものの観念はますます多様になってきているが、このことは、一つの、同時に主観的にして客観的な現実、同時に感覚的な経験と、宗教的なものに根ざす形而上学的・神学的な信念とを含意するような現実を、概念的に把握することのむずかしさを物語っている。われわれは、それ固有の本質をもつ、自律的な現実の実体的定義にたどりつくことはできるだろうか？　あるいはただ関係的で慣例的な現実に至るだけなのだろうか。聖なるものを、意識ではっきりとらえられる、疑う余地のない明瞭な内容との関連で論ずるべきか、あるいはまた、ニーチェ、K・マルクス、フロイト以後のあらゆる懐疑的解釈が行っているように、聖なるものをそれ自身とは別ものに帰して、隠れた根源を探し求めるべきか？　これらの三人は、いくつかの——とくに宗教的な場合がそうだが、しかしまたあらゆるイデオロギー一般を含めた——文化的事実を、それとははっきりと異なる自然の隠れたプロセスのあらわれとして読みとる立場をとったのだった。

たとえば最初の意味段階で、人は聖なるもののなかに生の知覚の原初的経験を見いだし、その生産的なかつ／または破壊的な力（自然の力、死、特定の人間の魔力、等）を感知するだろう。文字のない太古の文化において、とりわけ活発で高度に象徴化された聖なるものは、個人的・集団的存在のあらゆる領域に侵入して、そこでそれらの存在を用いて、身ぶりとことばを、禁忌、贖罪儀式、供儀によって整序するのだが、こうなる背景には、その聖性が神々と人間との双方向的コミュニケーションの媒体であろうところの、超自然的で目に見えない力への信仰がある。こういう聖なるものの原始的な表れは、否定的なもの（不浄、穢れ、脅威、等）を、有限と既知を超えた向こう側の世界のしるしとして、また、仮に禁忌違反という代価を払ったにしても、その〔否定的なものの〕肯定的で有益な極性への転換のしるしとして識別することが重要だと論ずる、人文科学の言説を招来した。このことはたとえば、犠牲に反転させられる殺人、神々への奉納‐負債、つまり、融和を確立すべく運命づけられた暴力からなる供儀が示すところである。

二番目の段階において、文字文化の内に位置を占めることにより、聖なるものは変化発展し、豊かになってゆく。文字文化は世界の直接的経験の一部を文字へと移行させ、それもとりわけ、聖なる神話的書物へと移行させることで、神的なものの発現に焦点をあてるとともに、儀礼とことばによって、人間と超越的なものとの聖なる出会いを誘導するのである。聖なるものはそのとき、生の力や権力や暴力の現象と渾然一体となっているというよりもむしろ、テクスト（聖書）の源泉そのものに集中しながら世界の神聖化をみちびく物語としての意味をとおして、展開しているように見える。ある種の脱宇宙化をも内包するこの聖なるもの sacré の純化は、これ〔sacré〕を、たとえば神聖 saint〔高徳なもの〕という別ものに変えるよう仕向けていると考えることができる。いずれにせよ、そのとき聖なるものは、恐怖と不安の次元を失い、神の言語表現を前にして尊崇と崇拝で覆われる。こうして、理解すべき意味の啓示としての聖なるものが、とらえるべき力の暴露における聖なるものにとって代わるのである。

I　聖なるものと俗なるもの

聖なるものは、伝統文化のうちに遍在するとはいえ、あらゆるものが聖的に染められ《コンタミネ》ているわけではない。自己聖化の力をもたない非聖的な諸現実〔があって、それら〕を背景に聖なるものは姿をみせるのである。聖なるものはそれゆえ、そうであるところのものによってと同様、そうでないところのものによっても理解されなければならない。つまり、聖なるものはみずからに〈特有の〉*sui generis* 概念にはほど遠く、相対的にしか定義されえないのである。一方、聖なるものと対立しつつ相補的な関係にある領域は、件の伝統において俗なるものと呼ばれている（〔俗なるものの原語 profane は〕神殿の前にあるものという意味のラテン語 *pro-fanum* に由来する）。

聖と俗の絶対的対立は、ある人々にとっては聖なるものの構造そのものを示しているように思われた。「世界を二つの領域に分けて一方の全てを聖、他方の全てを俗とするのは〔中略〕、宗教的思考の特徴である」（***FEVR***〔本書巻末文献21〕、p.50）とデュルケムは書き、そしてつけ加える。「一方において作動しているエネルギーが、他方にあってただ何かが加わったかたちで見いだされているわけではない。それらは別の性質のものなのだ。〔中略〕二つの世界は別個のものであるばかりか、たがいに敵対する執念深いライバルでもあると考えられている」（p.53-54）。聖なるものについてのこの支配的な説は、デュルケムの研究以来公理として採用された二項的な図式の一環をなしてきた。ラテン語研究をよりどころとしたこの図は、たしかに、区別や価値づけのあまりはっきりしないものとは対照的に、聖なるものを、異なるもの、閉じたもの、別なるものとする見方に基づいた、総称的な理解を示すことを可能にする。聖なるものはゆえにわれわれの通常の世界の裏側なのであるが、しかしまたそれは、この世界に影響力をもつもの、始まりと命令とを意味するギリシア語〈アルケ〉*archè* の二重の意味で、世界のおそらく始まりであるものでもある。二項的図式はまた、聖なるものの機能を強化することによって、聖・俗相互の依存関係と補完性に気づかせることにもなる。ただ、聖なるものの過剰はその基本的境界を溶かして己の所在を曖昧にし、聖なるものの欠如は世界から境界を取り除いて世界の創設原理を失わせる。そこで、聖の現象のなかにたえずこの分割線を探るとともに、一方から他方への循環の手順、通行および時には侵犯を可能にする手順を叙述することが必要となる。

しかし聖なるものと俗なるものは、まさに二つのタイプの、独立した正反対の事実を構成するだろうか？　この認識論的な一対はまさに適切、明白で、かつ本当に聖なるものの生の全局面を理解することを可能にするだろうか？　また、二つの側面のあらゆる事柄を、ただ一本の境界線で分割すれば、異なる二つの現実面を陥入させることにはならないか？　いくつかの分析が、かくも閉じられて、切り離され、相反する規則と規範によって規定された、二つの世界の対立をふたたび俎上に載せている（たとえばE・エヴァンズ＝プリチャード）。両者のあいだの境界は、実際は、可塑的で流動的なものとしてあらわれる。

一方で、聖なるものは言われているほどに等質な実体だろうか？　それは本当に俗なるものの他方なのか、それはまた本当に神的なものと一つになりうるのか？　俗なる世界の構成要素が聖なるものの領域にまったく無いということはまずない。たしかに、聖なる儀礼はいつでも、象徴的な身ぶりやことばで画された二つの意識状態、二つの場所、二つの時間のあいだの断絶を含んでいる（清めの儀式、衣装の交換など）。しかし聖なる行動も、俗なる行動と同様に、身体、感情、あるいは精神に訴えるのである。俗と聖の態度のあいだのこの精神生理学的な連続性は、なかんずく儀礼的な遊戯のなかに見うけられる。気晴らしの遊戯にせよ典礼遊戯にせよ、象徴的な効果を生みだすどんな行為においても、遊びにかんする意識は、遊びの内容に参加することで意識そのものの埒外に引きずりだされる、と同時に、一方ではそれが遊びでしかないことを意識に知らせる一種の明快な二分化のなかにある。ピアジェによって叙述された遊ぶ子どもと同様、M・レリスの描くエチオピアの憑依者は、呪いが真似ごとで、有益な見せかけにすぎないことを十分承知の上で、模擬的な超現実のなかに生きているのである。[1] それにまた、俗なる儀礼的身ぶりと聖なるそれとの違いは、つねに明瞭というにはほど遠い。有益と無益のあいだにはわずかな変化しか生じておらず、したがってたとえば飲むという行為は、同時に、乾きを癒すのにも神を鎮めるのにも役立ちうる。宗教上の献酒となごやかな祭儀、神々の結婚と性的放縦、いずれのあいだもその距離は近い。このように、聖なる経験が固有の行動を生みだせないということは、まさに、聖なるものが常々どれほど逸脱の危険にさらされているか、そしてまた宗教的祭儀がどんなに享楽的な行動に堕しやすいかを教えている。仮面をつけた踊り手が神話の出来事を身ぶりで表現し、あるいは密儀の祭司が日常生活とは違ったふうに振る舞うが、しかし儀式的経験が彼の肉体のポーズ、個人的な感情に終止符を打つことはないのだ。聖なる体験は、相反するがつねに混ざり合っているさまざまな熱望のただなかで維持するのが困難な一つの均衡なのである。俗と聖の対立は、仕事と遊びの対立と同じようにあまり決定的なものではない、というのも、人は生産的努力を漂わせながら遊ぶことも、夢見がちな気楽さに安住しながら働くこともあるのだから。

そのうえ、聖なるものは本当に俗なるものの唯一の他性だろうか？　それは神的なもの自身とかならず一致するのか、あるいはそれは、神的なものの仲介的現れにすぎないのだろうか？　ある分析は、まるで聖なるもののなかに超越の諸次元を見分けるべきとでもいうように、聖なるものの他者と、「まったく他なるもの」、絶対的なるもの、「存在」または形而上学の「一者」、そして神学の「神」とを区別する傾向すらある。神的なるものは、聖なるものとかならずしも本質的に合致するとは限らない〔つまりある程度は一致する〕超越するものの自律的な面を表しているのではないか? であればこそ、聖なるもの、それもエネルギーの担い手である物質的な現実に結びつけられた聖なるものは、神や神々への参照や信仰なしに〔美術、詩、音楽、等〕、少なくとも相対的な自律には至りうるしるしとして、しばしば引き合いに出され利用されている。同様に、つぎのような分析をただちに無効とすることもできない。すなわち神的なるものは、神の顕現——そこではノエシス〔思惟。現象学において意識の機能的・作用的側面〕的理解が越えられているばかりでなく、実際の感覚的体験にとって代わられてさえいる——とは何の関係もない本来の神学の対象になる、と主張する分析を。聖なるものはこうして、神的なるものと混じり合わずに、またこれによってつねにかきたてられることもなく、神的なるものに接近していくのであろう。聖なるものは、神的なるものの先在——少なくとも人間の観念において——の結果として生ずるのか、それとも神的なるものそれ自体は、聖なるものそれ自体の二次的加工にすぎないのだろうか(もしそうなら聖なるものは「存在」の出現の最初の様態《モード》となるであろう)と人が自問するとき、問題はいっそうややこしくなる(M・ハイデガー)。聖なるものと神的なるものとのこうした違いは、わけてもイコンと偶像の対立(これはキリスト教の神学論争を大いに駆りたてた)のうちに見てとれる。イコンは像を神の仲介と定めているため、像が神と一体化することはないのに対し、偶像は像そのものが神格化されるほどに二つをいわば陥入させる。中世の公会議における聖像擁護派と聖像破壊派の論争用語に従えば、像は、イコンの場合には崇拝され《ヴェネレ》、偶像においては礼拝され《アドレ》るが、後者はつまり「神」の絶対的超越を侵害しているのである。

他方ではまた、俗なるものは本当に、完全に非聖化された時空として理解されうるだろうか？　そこには聖なるものがじわじわと、枝分かれしながら、間欠的に浸透しているのではないか？　日常生活の社会学はみな必ず、個人的にせよ社会的にせよ、日常の事柄や行いや儀礼のなかに表れている微かな神聖を描写してきたが、そのようにして二つの面の境の多孔性を強調しているのである。聖なるものはときおり、存在のもっとも平凡でとるに足りない活動にまで密接にまぎれ込んでいる。これは、デュルケムの主張するように一種の並外れた伝染によるものではあるが、それだけではなく、人間の基本行動に一貫性と説得力のある規範を与えるためでもある。エリアーデとセルヴィエは、単に実用的な動機によってなされたともみなしうる社会的活動の聖なる根拠について、おびただしい証拠を集めたのであった。建設や住宅の技術も、身体の技法（たとえば分娩における）も、神話によって決められた規則を含んでいる。ナバホ族では、神話の祖先の原型的なしぐさにならって、女たちは両脚を尻の下で斜めに流し、男たちは両脚を前で交差させて座らなければならない。日常的な家庭用品は、それぞれ、そのもっともシンプルな装飾のなかに一民族の象徴的なコーパスを記憶化する。生産的労働はどこでも神聖な意味に結びつけられた。たとえば、重要な手職（農業従事者、陶工、鍛冶工、船乗り）は象徴的な価値をあてがわれ、真の聖体示現的な実体と同格に扱われたのである。金属を扱う仕事は、錬金術とはもとより、豊饒を願う神話や祭式とも緊密な関係にある。[2] 職人のしぐさは真の典礼レベルに引き上げられ、それは民間伝承や職人組合のなかに、または石工の場合は、思弁的フリーメーソンのなかに保存されている。さらに、細工を施された素材（木材、石、土）は、G・バシュラールも述べているごとく、いたるところで聖なるものへと誘導する象徴的な夢想をかきたてた。社会活動の全体は、聖なるものによって正当化された慣習や命令に貫かれている。たとえば伝統的な法は、それに違反すれば不敬とみなされる不文の誓いや誓言に訴えるのであるし、キリスト教において、社会道徳を規定している夫婦間の貞節の誓いは、婚姻の秘跡に起因する。聖人崇拝についていえば、これはもろもろの社会活動――たとえ重要でなくても――のための、守護人物を増加させることになった。

俗なるものはつねに聖なるものに呼応するが、しかし宗教のなかには、この二分法を認識すらしないものもあると言うことができる。L・マシニョンやL・ガルデ〔いずれも二十世紀のイスラム学者〕によれば、回教徒は信仰を表明するだけで漠たる神聖性のなかに導き入れられるので、イスラム世界では「人間生活に全面化した神聖化」が見られるといえるのだ。[3] あるキリスト教神学者たちにとってみれば、[4] 俗なるものとの関連における聖なるものの超越性は、ただ「神」のみがまさしく切り離されているがゆえに、正当性を語りえない。対して、聖なるものは「俗なるものの一要素」であり、「そこに宗教者は神的なものの響きを聞きわけ、またそれによって宗教者は神的なものの現実（あるいは超現実）と、自分および俗なるものの全体との関係を表現する」のである。してみると、聖と俗の対立は、ある法外に禁止ずくめの宗教の支配的な考察に基づいて、あるいは非聖化された社会の特徴を示しているわれわれの現代的観点から、過大評価されてきたといえそうで、このことは、たとえば、世俗社会の自律を最近の史実とするいくつかの学説も認めるところである。文化を進化論的に直線的にとらえる見方からすれば、人間は、自然と歴史とからその背後世界を取り除きつつ、漸次にこれらを支配していくことになろう。一方、これとは反対の悲観的な観点から、R・ゲノンは、まったく世俗的な考えというのは、「伝統」の喪失、原初の「啓示」の喪失の、おそまきの結果でしかないと明言する。いずれの場合も、伝統的な世界は、聖と俗とが、儀式の時以外は境界が鮮明に示されずに、混じり合う構造でなりたっていると解釈されている。

聖と俗は、隔てられた、水も漏らさぬ二つの世界というよりは、たぶんこのようにむしろ生と世界の価値づけと基準化のための二つの極を形成しているのである。そのうえ、二項的類型論を、その二項の中間に、超自然的で不可視な世界の形而上的次元と、見なれた物質的世界との接点のようなものとして、たとえば聖なるものを置いて三項的図式へと開くならば、それはきっと発展的なことであろう。聖なるものは、見えないものを見える化し、見えるものを見えない世界に退去させながら、関係性を確固たるものにし、媒体として行動する。このような、聖なるものの過渡的で非-本質的な作用はかくして、聖なるもののさまざまな支柱〔媒体として具体的な支えとなるもの〕の可塑性をいっそう理解可能なものにするだろう。これらの支柱は、ある時は、もともとこの世に属しているため俗なるものに帰しており、意図して象徴化を行う目的によってしか聖化しないが、またある時は、特定の場所と時においてだけ見えざる世界への入口となるために、完全に神聖化されて俗なるものから引き離されている。したがって、聖なるものは同時に、切り離すが結びつけ、隠すが露わにし、遠ざけるが近づけるのである。聖なるものは単一のアイデンティティではなく、すべて中間的なもののように、本質的にパラドクシカルな性質をもっている。聖なるものは、目に見える現実と見えない現実の両面を行き来することを可能にし、超越的なものの、決して頂上にも谷底にも達することのない降下（catabase〔滑降〕）と再上昇（anabase〔滑昇〕）とを保証する。

中間を両端にかけて二裂の構造にするこの三分割は、おまけに人類学の伝統的な表象全体にも対応している。人間は、実際、古来のあらゆる精神的・哲学的伝統において、精神と霊魂と肉体の複合体として説明されているが、霊魂は、情熱と信仰と想像力によって、高次の認識活動と物質界への実際的適応のための低次の活動とのあいだの連関を、確固たるものにする。ところで聖なるものは、人間のこの三部構成中のまさに霊魂の仲介的な面に属するように思われる。なぜなら聖なるものは、肉体とその欲求の通常の振る舞いとも、純粋思考の観念的な活動とも混じり合わずに（それら相互の往来は許すが）、何よりもまず情動とイメージに訴えるからである。そういうわけで聖なるものが属するのは、まさに霊魂の事実にかんする心理学、いや聖霊論であって、主観的体験の束縛から解放された純粋な知識をくり広げる科学や哲学や、神学ではない。聖なるものは、感覚が命ずるところのものよりも遠くまで行くが、純粋思考が絶対的なるものについて思索するとき要求するところのものまでは行かない、まさにそのような想像力によって条件づけられている。

II 禁忌と神秘

なぜ聖なるものは常ならぬ緊張や、「まったく他なるもの」への断絶・接近の感覚をともなうのか、このことを聖なるものの理論は説明せねばならない。ところで、聖なるものは、ある人々にとってはどちらかといえば禁止の侵犯の領域に、他の人々においては、どちらかといえば深い神秘へのイニシエーションの領域に属している。

1 規則と違反

聖なるものの解釈におけるいくつかの流れは、聖なるものへの感覚を社会的禁忌の侵犯によって説明しているが、この見解は、とりわけフロイト流の精神分析的人類学の延長線上に位置づけられる。すなわちわれわれの情的想像力の両面性(快‐不快、享楽‐罪悪感)は、不安きわまる違反と引き換えにしかその充足に達しえない無意識的願望の抑圧に結びついているというのである。バタイユとかカイヨワは、すでにフロイト自身が『トーテムとタブー』において試みていたように、このような個人の心的装置モデルを、文化機構によって強制された諸禁忌の一般的な枠組みのなかに移しかえた。この観点よりすると、圧倒的な、けれど満足のゆく力の把握は、前もって与えられた禁忌の存在を経ていることになる。禁忌は、なるほど、欲望によって自由に獲得された物をとりあげ、放棄を命じるが、しかし結局は、禁止された物に対する欲望を激化させることになる。このようにして呼びおこされた欲求不満はそれゆえ、掟への挑戦を、強烈な感情のための特権的な契機にするのである。なにしろ禁忌の侵犯は、禁忌の表明から発散する〈戦慄すべきもの〉*tremendum* と、危険な獲得に結びつく〈魅するもの〉*fascinans* という、二つの感情的放出をともなうのであるから。たとえばバタイユにとって、「禁止と侵犯は二つの相反する運動に対応している。すなわち、禁止は撥ねつける、が、魅惑は侵犯を招きいれる。禁止とタブーは神的なものとはある面でしか対立しておらず、神的なものは、禁止の魅惑的な局面、変容した禁止である」(5)。もっとも、バタイユには、聖なるものはエロティックな両面感情とほとんど違わないように見えており、そこでは性器性によって引きだされた本能的な嫌悪感が、性欲を抑制するどころか、逆に、これをさらに強めて性行為を暴力的な雰囲気へと結びつける。また、カイヨワにおいては、聖なるものの経験は、近親相姦の禁止という恐るべき掟に違反することによってしか欲望のはけ口を見つけられない、オイディプス王の経験と同じ圏域に位置を占めるのである。

こういう心理的メカニズムは、民族学者たちによって叙述されたある宗教的禁制の機能と一致するかもしれない。多くの原始宗教は厳格な禁忌でみちあふれ、限界に達しているため、実際、聖なるものをタブーの侵犯制度に、つまり、ある種の冒瀆に制限するよう促している。[6] デュルケムにとってはすでに「現実には真の冒瀆でないような儀式はない。なぜなら人は、通常ならそれから自分を隔てているにちがいない柵を越えずに、聖なる存在と交わることはできないからである。肝心なことは、冒瀆が、これを弱める慎重さをもって実行されることにつきる」（*FEVR*, p.483）。こうした、聖なるものと禁忌違反との同一視は、ときには、違反の蓄積が聖なるものの模範的形式となりうるほどに、どんな違反をも神聖とみなすよう仕向けることになる。ともあれ、そうして、カイヨワは祭りをつぎのように定義する。祭りとは、太古の社会においては、その期間中すべての社会的禁忌が中断、いや逆転さえされる時機である。近親相姦、乱痴気騒ぎ、社会的役割や地位にたいする愚弄は、許されるばかりか、聖体示現的な行為として称讃されもする。たとえば、トーテム祭は氏族の動物の畜殺・捕食禁止令を廃止し、またギリシアの「クロノス祭」は、ローマのサトゥルヌス祭と同じく「逆さ世界」を生きる機会である。カイヨワはこのような、法の陽気な破壊に結びついた祝祭の熱狂状態を、あらゆる聖なる表れの最後の本質とする。

以上の解釈とは反対に、ある人々は、禁忌が、聖なるものの決定と保護を可能にし、さらに神聖の補助や誘因にすらなりうるにしても、こうした禁忌に聖なるものの一般の活力を説明することはできないと指摘する。宗教的経験は、秩序への挑戦にも、秩序なき過剰にも、あるいは度外れの欲望と理不尽な掟の弁証法にも、還元されることはない。禁止の侵犯がつねに、聖なる震えの源とみなされるあの熱狂感情にともなわれるとは限らないのである。Cl・レヴィ＝ストロースは、この侵犯による聖なるものの理論が、地球外の民族誌学者たちによる行き過ぎ《エクセ》——彼らは、ドライバーが車道の白線を遵守したり侵犯したりするのは迷信的な恐怖によると結論するだろう——と似たような領域に属するとさえ考える。つまり多くの場合、規則の遵守や違反は、どんなヌーメン的感情とも無関係なのである。モースも認めたように、多くの禁忌は、社会的礼儀の簡単な規則、振る舞い方を規定するが、その違反がまねくのは道徳的なまたは社会的な感情であって、われわれを自己自身から引き離すあの感情過多ではない。聖なる力はまさに、規則によって境界を定められた分離を意味するのではあるが、聖なるものの防御装置としてのこうした禁忌が、聖なるものの発生源である、侵害のための禁忌に一貫して同一視されるわけではないのである。カズヌーヴも言う。「われわれが疑問視するのは、聖なるものを、俗なるものから切り離す禁止によって規定したとき、聖別そしてとりわけ聖体拝領を説明できるとする考えである。聖なるものの全本質を、ただ俗なるものとの対立のうちにだけ探し求めてはならない。さもなければ積極的儀礼〔デュルケムの概念。供犠など聖なるものとの交流がなされる儀礼〕の原理は冒瀆であるということになってしまうだろう」（前掲書、p.222）。

2　深奥の神秘

とりわけ民族学研究と結びついたこれら侵犯による聖なるものの理論は、V・ジャンケレヴィッチも注意を促しているように、聖なるものが、禁忌の形においてと同じくらい誘惑の形においても、規則の侵犯としてのみならず深遠さの探求としてあらわれていることを忘れ、あるいは無視している。[7] エリアーデもまさに、聖なるものの世界がとりわけ「原初の存在論的濃密さ」とでもいうものに従っており、これが何よりもまず当の世界を神秘の源にしていると力説した。というのも、伝統的な人間は、まず言えば「生気のない闇の世界にいるわけではないのであって、さらに言えば彼らは世界の言葉を解読しつつ神秘に直面しているからである。「自然」は「超自然的なもの」を暴きつつ隠す、そしてその点にこそ［中略］世界の根本の牢固たる神秘がある[8]」。言い換えると、ヌミノーゼは、遵守が違反にとって代わるような、より内的な相に応じて把握されうるのである。聖体示現は人間のうちに自分を凌駕し包含する事物の深さの感覚を呼び覚ますが、その浸透はディオニュソス的な興奮によるよりも、加入儀礼のゆるやかな進行に似た内的緊張を通じてなされる。したがって、聖なるものは、もはや俗なる世界の転倒という目もくらむような作用の対象ではなく、世界の隠れた意味あるいは比喩的意味のゆっくりとした発見の対象となる。聖なる儀式は、神的なものが恍惚として身を任せるトランスや憑依といつも一つになるとは限らない。多くの場合、それはいっさいの透明さを免れている多様な象徴的顕現への、おごそかでじわじわとした接近である。この聖なる神秘の内への前進は二つの形をとるだろう。

一つめは一般向きの形であり、通過儀礼に従ったことのあるすべての信者に開かれている。この場合、儀式の実践は、何度くり返されようとも、聖なるものとの交わりを枯渇させることは決してない。聖なるものとの関係は、信心、教育または恩寵により促進されるゆっくりとした地上的成熟と辛抱づよい霊的征服によって、決まる。聖なる実践はそれゆえさらに、啓示の内在化、また聖パウロやパスカルも言ったように、「肉体」の次元から「心」と「精神」の次元への移行を要求する。信仰生活はもはや一時的な眩惑としてではなく、見えざるものによる漸進的な照明のようなものとして理解される。聖なる象徴体系とはしたがってある共通の外面的なかたちに過ぎず、それに基づいて超越とのさまざまな次元の交わりが展開されるのだ。M・M・デイビーも述べている。「肉体的なレベルで考察される象徴は、外面性、すなわち生き死ぬもの、現れ去るもの、囲われ隔てられるものの回路の内にとどまっている。精神的なレベルで把握される象徴は、橋、現前、普遍言語、そして永遠というまったく別の次元において構想される生になる」(9)。

二つめの形は秘教的なものであり、そこには、秘密結社(オルフェウス教、イスラム神秘主義、フリーメーソン)の体験をともにした秘儀加入者のみが到達可能である。そのさい聖なるものは、秘密厳守の制度によって俗なるものから守られている。特定の信仰の伝達と特定の儀式の実行に結びついたこの慣例は、合法と非合法のあいだの境界を規定する強制法の意味で、もはや禁制による禁忌と同じもののではない。その目的はただ、秘儀加入者に、聖なるものの派手な面を超越し、己の精神的エネルギーのすべてを聖なる神秘にそそぎ、聖なる啓示に内在する象徴的な意味を黙々とほりさげるよう強制することだけである。

以上二つの場合において、聖なるものは、社会的なかたちに置き換えられてはいるが、外面的行動の逆転よりもはるかに内なる転向に訴える、いっそう内奥の次元に達している。したがって、違反による聖なるものと遵守《レスペ》による聖なるものは、相反するビジョンというよりは、過剰の極と深奥の極という神聖一般の両極に相当する。結局のところ、これらは神学の二大傾向の徴候なのだ。一方（肯定神学タイプ kataphatique）において、神的なものは、世界との断絶という特異な体験のなかで完全に現前化させられうるが、他方（否定神学タイプ apophatique）においては、「神」は、その現前に向けての延長経路を通って徐々にしか接近されえず、しかもこの現前は、いっさいの最終的理解も、いっさいの可視的な儀礼的発現も永久に拒みつづけるのである。

Ⅲ　清浄なるものと不浄なるもの

聖なるものは、現実的なるものの分裂、二つの世界・二つの価値への分割と、まさに切り離せないように思われる。一方は留保され、引き離され、別に置かれ、他方は、近づきやすく、有益な、公共の世界を構成している。聖なるものはしたがって、同じものと別ものとの区別や存在論的な異質化、通常のことよりも別のことや異常なことの重視、結果をえるための力やその徴候の把握と操作といった、象徴的なオペレーターの役割を演じている。聖なるもののこうした嵌合、こうした錯綜がひとたび認められるや、もっともやっかいな問題となるのは、一義性にはほど遠い諸結果の性質そのものである。聖なるものに関するあらゆる文学はきまって、本来不浄と清浄をあわせもち、かつ利得や呪いの原因となる、聖なるものの両極性によって特徴づけられている。事実、聖なるものとの接触や聖なるものへの訴えは、神的なものへの融即を通じて回復と救済をともなう有益な結果ばかりでなく、内在的特性が原因であれ、規則や儀式に適わない接触が原因であれ、周知の、不吉で、敵対的で、険悪な結果をもたらしうるのである。聖なるものの結果にみられるこの両義性は、聖なるものの全体性や普遍性への一般化をむずかしくし、またあまりに混合主義的で矛盾が多いとして、この種の研究方向は価値を下げることにすらなってしまった。いずれにせよ、聖なるものの魅するが恐ろしい両極性のテーゼは、フレーザーの主張以来、デュルケム、ついでカイヨワによって引き継がれた社会学伝統の特徴を示している。

1　タブー

不浄と宗教的なもののあいだに打ち立てられた関係は、原始社会においては〈タブー〉の存在をよりどころとしている。[10] このポリネシア語の単語は、ある事物や行為に固有の禁止事項を示す社会心理学上のカテゴリーになった。すなわち、それに違反すれば不吉な結果をまねくということである。ある異例の混合、ある事物連合、あるきわめて明確な操作が、はっきりした理由もなく、世界の秩序を急変させないようにと禁止されている。他の種類のタブーはなんと言っても、穢れ、汚染、不潔、あるいは病気など、嫌悪と反感をかきたてるような現象領域と関係があるように思われる。

タブーは、聖なる清めの儀式としばしば同一視される、不浄のさまざまな操作儀礼を生む。たしかに、タブー違反の結果や、罪人の身体を通じて伝染病のように広まる不浄からは、身を守る必要があるのであって、そこで清めの儀式が世界の秩序を取り戻し、忌まわしい力を押し返し、違反者を社会に復帰させることを可能にする。だがその一方で、ときにはそうした不浄の力をうまく利用することも必要であって、場合によっては、人はまさに不浄の力に触れることで、有益な力を獲得したり伝えたりすることができるのだ。タブーの侵犯はこうして不吉な力を幸運な力に、不浄なるものを清浄なるものに反転させることができるのであり、その結果、冒瀆は聖別になることだろう。伝染性の穢れとして忌避される月経血が豊饒性を与え、獣の血が殺人の血を清める。最初は恐怖と嫌悪をもよおさせる死体も、神聖な聖遺物になりうるのである。とするならば、穢れの両義性に基づいて、聖なるもの一般の範疇を拡大し、これを本源的な不浄から説明する必要があるのではないか?

いくつかの流れは、神体示現的な théophanique 聖なるものを、前提となる「穢れ－タブー」経験の変容の結果にする傾向がある。たとえばM・ダグラスは神聖を、汚物を前にした本能的恐怖、混合物の面前での嫌悪感という普遍的な状況と結びつける[11]。人間の想像の産物によって危険を詰め込まれたたくさんの肉体的物質はこうして〈タブー〉になる、というのも、それらの物質が、内部と外部との胡乱《うろん》な境界である肉体のあちこちの穴を通じて循環するからだ。L・レヴィ＝マカリウスもまた聖なるものを、厳密な意味で、原初的タイプの穢れの緩慢な変容と同じものとみなす。バタイユは聖なるものを嫌悪の領域に、すなわち、人間の感性の有害な「左の〔ゆがんだ〕」極性に従った、死骸や経血の腐敗の領域に生じさせている。この恐ろしくて穢れた聖なるものはつぎに、高揚する肯定的な価値、有益な「右の〔まっすぐな〕」極性に反転することができる。神的なものの聖なる媒介とは、いわば、一種の浄化の結果にして、恐ろしい禁止から望ましい禁止への移行にすぎないのであろう。そうしてみると、これらの解釈は、デュルケムの定義と多少なりとも似ていることになる。「清浄なるものと不浄なるものは二つの別個のジャンルではなく、あらゆる聖物を包含する同一のジャンルの二つの種類である。聖なるものには吉と不吉の二種類があるが、これら二つの対照的な形式のあいだには切れ目がないばかりか、同一のものが一方から他方へと性質を変えずに移行することができる。清浄なるものから不浄なるものを作ることができ、逆もまた可能である」（*FEVR*, p.588）。

2　聖なる浄化

聖なるものについてのこうした混合主義的《サンクレティック》な観念は、ある解釈者たちに言わせれば、タブーや魔術の浄化と聖なるものの浄化との混同、二つのタイプの消極的儀礼〔タブーなど聖なるものとのかかわりが禁じられる儀礼〕の混同に基づいている。たしかにカズヌーヴも指摘しているように、「原始人たち自身が不浄なものと聖なるものをつねに区別しているわけではない〔中略〕（しかし）二つの概念を同じ語のもとにまとめることに一種の矛盾があるのはあきらかだ」[12]。実際、タブーにかんする祭儀において、人はまず、自分の住む世界を立て直したり、世界にたいする自分の権力を増大すらするために、不浄の力を押し返したりうまく引き寄せたりしようとする。これに対して、聖なる祭儀は、本質的に神的なものとの交流と和解の儀式であるから、超自然的な力に至りあるいは参与するために、むしろ人間世界の秩序を改めようと努めるのである。タブーの不浄儀礼において、浄化は俗なる世界の保護者たろうとするが、宗教の消極的儀礼においては、浄化は俗なるものからの脱出をともない、喜ばしくまた穢れなき聖なる力を受けとる準備をする。聖なるものはしたがって、清浄なるものと不浄なるものの対立する力の操作にではなく、不浄の浄化にあるといえるだろう。それゆえにこそ、現象学者のG・ファン・デル・レーウにとって、聖なるものは、聖なる崇敬の源泉である〈神聖な〉*augustus* 性質の一方的知覚に制限され、タブーの消極的儀礼は、魔術的実践に帰されていなければならない。そもそものことが、多くの宗教において、聖の専門家たちが一般に不浄との接触をいっさい禁じられ、かつ穢れによる「神聖化」をまったく知らないことの、理由と言えるだろう。加えて、原始宗教のなかには、魔術に宗教的なものを汚染させておくものもあったけれど、「聖典」に基づく偉大な宗教は、清浄なるものと不浄なるものとのあいだに真の対立を打ち立てたのであった。聖性 sainteté は、神聖 sacralité からあらゆる衛生的なまたは有害なコノテーションをまさに取り除いてしまったようにみえる。それどころか、「聖書」に頻出する穢れの語彙は、主として聖性とは反対の状態、〔宗教上の〕罪を指して用いられている。ユダヤ・キリスト教では、神的なものを侵害するあらゆる儀式上の誤り、あらゆる倫理上の破綻は、不浄になる。バタイユのような、違反による聖なるものの理論家が、キリスト教のなかにつぎのような明記を確認したのも、聖なるものの意味の喪失の原因がこうした浄化への配慮にあると考えるからだ。「罪や侵犯の根本的な性格をはっきり自分のものと認めるようなものは何であれ、キリスト教の聖なる世界に存在しつづけることはできない。悪魔——侵犯（不服従と反逆）による天使と神——は、神的なものの世界から追放されてしまっていた」（前掲書、p.133）。

もっとも、聖なるもの-清浄の一対は、キリスト教とは無関係に価値づけされてきたのだった。たとえばA・J・フェステュジエールは、『聖性』のなかで、ギリシア人たちが聖なるものをどれほど穢れから守っていたのかを思い出させた。「〈ハグノス〉*hagnos*〔純潔〕の地は〔中略〕〈ミアスマ〉*miasma*〔瘴気《しょうき》〕からいちじるしく隔てられた地、したがって清浄の地であるが、この地は、そのような資格で、それ自身も〈ミアスマ〉から隔てられた存在、〈ハグノス〉という清浄な存在としか接触を許さない」

(p.17)。ガルデとJ・シェルホッドもこう説明する。「清浄‐不浄はイスラム文化のみならず、すでに古代アラブ人たちの世界観においても(またセム文明においても)、完全に異なる、まあ二律背反と言ってもよい、二つの観念である」(前掲書、p.320)。結局、タブーの不浄はたしかに強度の感情体験を引きおこしうるのではあるが、聖なるものの性質を真に明示するにはいたらない。恐るべき要因と魅了する要因の対立は、ある種の魔術的宗教を除けば、不浄‐清浄、〔宗教上の〕罪‐聖性の対立とは一致しないのである。

以上のように両義的な、それゆえ曖昧でもある地位を総括するとすれば、二つの解釈が可能である。すなわち、一つには、この両極性は聖なるものの原初の段階を表していると考えられる。意味よりも力がしみ込んでいるこの段階は、象徴化が聖なるものの物質的基盤を、言語の非物質的なものに取り替えることで強化されるや否や、薄れる傾向にある。それゆえ「聖典」宗教が、原初の聖なるものに内在する暴力を無効にし、それから排除したことは驚くにはあたらない。もう一つの解釈は、二つの聖なるものへの分岐をきっぱりと切り離して二元論で表すというものである。つまり一方には、明るく、有益な、それ(好意的な神への崇敬による聖なるもの)を通じて媒介されるものの倫理的認識と連動した聖なるもの、制度化された宗教儀式によって大いに価値を高められた聖なるものが、そして他方には、不吉で、暗く、つねにだれかに危険な力をとどけ、呪い、魅惑、または憑依やトランスの儀式をとおして、悪魔に取り憑かれた人を操りながら、魔術や妖術という周辺的なやり方を維持する聖なるものがある。そこで問題となるのは、最終的にどちらを認めることになるのか、ただ一つの聖なるものの本来の両面性か、それとも聖なるもの自身のどちらかといえば宗教的なものと、どちらかといえば呪術・オカルト的なものとの二面への分裂か、まさにこれを知ることである。この二つの様態は、とりわけこんにちの、聖なるものの再来を特徴づけるこの混沌とした実践状態においては、ときとしてすっかり混じり合っているようにも見えるのだが。

第二章　聖なるものの批判

聖なるものは人文諸科学の誕生以来、それら全体の操作範疇になり、したがってまた人間文化全体の主要な解釈手段になったにもかかわらず、たえず、形式的分類に沿って言うならば内的批判および外的批判の対象に、なってきた。それは多様な形態に及んでいる。たとえば、人間の真実と自由にとって理不尽で危険でさえある部分としての宗教的なるものに対する、一般的批判に属するものもある。たとえば、聖なるものを人類における想像力の展開の場面に制限することで調整機能は保証するが、超越的な存在論的現実には対応させていないものもある。西洋の近代性のなかにとりわけ指摘されている、聖なるもの自身の退行を、公式に確認させるものもある。社会的・文化的諸現象における明らかな非聖化は、かくして、聖なるものの不安定で、脆く、両義的でさらに曖昧ですらある性格をきわ立たせ、しばしば、信仰、神秘思想、または神学的思弁のような超越性との別のかたちの関係の再確認、いや、再正当化へと至るのである。

I　聖なるものへの異議申し立て

近年、宗教科学関連の研究（心理学、社会学など）により広く主張されている聖なるものの現実と価値の認知は、すべての人に受け入れられているわけではない。聖なるものは、たしかに、教養と礼拝を備えた宗教的なものほどにではないが、単に目立った活動をしないように求められるにせよ、あるいは根絶すべき幻覚として暴かれるにせよ、人々の厳しい批判の的になっている。こういった異議申し立ては以下のようにいくつかのパターンに分けることができる。

1　反宗教的な批判

最初の立場は、聖なるものの表象、体験、および象徴的媒介を、人間精神の非理性的な産物の一つに数える立場であるが、これらはしばしば民衆を盲信状態のままに保つほうがよいとする権力によって利用されている。聖なるものは、真理と措定された無神論の名において、宗教的幻想一般と同じく迷妄からの覚醒を要請されている（L・フォイエルバッハ、マルクス、フロイト）。

聖なるものの再検討はおそらく、人間と社会を唯一理性という価値のまわりに秩序だてる古代ギリシア由来の知的な計画と一つになる。古典主義時代は、ルネサンス人文主義に引きつづいてこの遺産を取り戻し、そしてそれを科学、哲学、ないしは法律のなかに具現化する。この合理主義は、聖なるものにたいして、しばしば反宗教的な、あるいは少なくとも懐疑的で批判的なかたちをとった。聖なる歴史と信仰実践はこうして熾烈な告発の対象になったのである。

1．聖なるものは、これを根拠づけるものすなわち「神」の存在が疑われるや否や、余分なもの、欺くものとして現れる。デモクリトス、エピクロス、またはルクレティウス以来、聖なるものは神々と同じ運命を甘受している。神々は、人間たちが、己の無知を隠し未知なるものへの不安と闘うためにでっち上げた、見せかけの虚構にすぎないことを告発されていた。神を神人同形論に還元する立場からコロフォンのクセノファネス（紀元前六世紀）は、牛やライオンに絵が描けたなら、自分たちの姿に似せて神の像を描いたであろうとさえ言う。こうした宗教的表象（これはエウエメロスによると、歴史上の存在や出来事の伝説的歪曲にすぎない）からの覚醒は、さらに、しばしば知的原理（古代の原子論、「啓蒙」の世紀の唯物論）へのどんな訴えをも無意味にする、無神論的教義学や唯物論的弁明をともなうことになる。しかしもっとも厳しい批判は、ロマン主義における、聖なるものの形而上学的なまた詩的な高揚と同時代のものである。フォイエルバッハは「神」を人類の諸属性の超越的な虚構における投影に還元する。(1) 宗教はなるほど、人間に自分の「類的本質」を知ることを可能にするが、しかしそれは、歴史がそこから彼を解放するにちがいない自分自身の疎外と引き換えである。フォイエルバッハのあとを受け、神にたいするはげしい憎悪に満ちた荒々しく反宗教的な運動が拡大する（M・シュティルナー、

M・バクーニンほか）。これについてはマルクスの初期の著作に言及がある。マルクスは「小さな巨人」がくずおれるのを見ることを夢みており、その崩壊した瓦礫の上で自分は「創造主と同等」であると感じることだろうと言う。後年、彼は宗教について、経済的諸階級における対立関係を隠蔽し、プロレタリアートの解放への自覚を遅らせるイデオロギーの産物と、要約している。ニーチェはといえば、彼は、神の概念のなかに生の弱さと拒否という価値観の避難所を見てとり、新しい知恵の到来に欠かせない「神の死」を予言する。より最近では、何にもまして超自然と有神論とをいっさい否定する論の構築に心をくだく「神の死」の神学が発展した（Th・アルタイザー、W・ハミルトン、A・T・ロビンソン、P・ヴァン・ビューレンなど）。

2. 聖なるものはまた、ある人々が、聖職者中心主義 cléricalisation がもたらした歪曲化とみなすものを介して告発される。早くも古代には、こちらは「神」のではなく祭式宗教の信用の、失墜が生じているのが見てとれる。すでにヘラクレイトスが警告を発していた。「穢れた身を血で清めるのは、ぬかるみにはまった身を泥で洗うようなものだ」（ディールス版『断片』、5）。哲学者と神学者たちはそうして、軽信と迷信を維持する祭司たちや、民衆に教えるための啓示内容を歪曲する「教会」による、聖なるものの方向転換をたびたび告発する。教皇権と贖宥取引に対するルターの批判は、人間と「神」との文字どおり個人間の接触を説き勧める、プロテスタント主知主義の長い伝統の糸口となる（P・J・シュペーナー、J・アルント、J・ゲプハルト、または後のE・トレルチらの敬虔主義）。病み、退廃した存在の典型である聖職者たちに向けられたニーチェの告発は、おそらく、その激越さによって今も現代的意義を失っていない反教権主義伝統の模範的な表現である。

3．聖なるもの一般はさらに、無知、迷信、隷属、ならびに理性の帰順を助長する神話的思考形態だと告発される。十六世紀にはもう、無信仰家《リベルタン》ついで自由思想家《リーブル・パンスール》たちが、宗教思想の基礎に対して計画的な訴訟を組織している。慣習、伝統、教義の遵守といったものに対する批判は、「啓蒙」の世紀に入ると、人間の合理的自律への到達を可能にするためには避けて通れない道となる。ベールやフォントネルは宗教物語をまやかしと同列に置く。反‐奇跡論争はスピノザによる宗教教義の告発の核心であるが、彼は人間を〔知の〕「第一のジャンル」の情動的で間接的な知から解放して、「神」の合理的な直観知へとみちびこうとする。カントは「単なる理性の限界内における宗教」をよみがえらせることで、道徳的存在の自律を理論的に根拠づける。こんにち、還俗 sécularisation の――ことにプロテスタントの――ある神学者たちは、「神」に歴史的人間の具体的な姿をとらせ、あらゆる教会の制度化と、聖なるテクストの独断的解釈とに逆らう生きた信仰を復権させて、超越的で分離された「神」の表象に終止符を打ちたいと望んでいる（K・バルト、D・ボンヘッファー、P・ティリッヒ）。この急進的な神学はしたがって、宗教から信仰を、聖なるものと背後世界から神的なものを解放する（P・ベルガー、F・ゴーガルテン、H・キュング、J・B・メッツ、K・ラーナー、C・トロワフォンテーヌなど）。還俗とはそれゆえ、象徴的なイメージに頼らずとも、人がそれに基づいて絶対的なものとの新しい関係を作り上げることのできる格好の状況なのである。聖書釈義学や聖なるテクストの歴史的研究の発展は、同時進行で、R・ブルトマン神学のような非神話化 démythologisation の神学を出現させる。彼は新約聖書のうちに純化された知的な一義だけを留め置くために、そこから借りものの神話的言語を取り去ろうとしている。

4．最後に、民族学研究をとおして間接的に伝えられた原初的神聖による幻惑に、とりわけ反対してなされる聖なるものの批判は、以上とは切り離して考えるべきであろう。こうした非神聖化は一部の原始宗教の、残忍さや非合理主義や不寛容に対する道徳的で人道主義的な憤りゆえなのだ。聖なるものは、歴史的な退嬰主義、いや伝統社会における社会的保守主義の、あるいは狂信的な神権政治や、私生活から根こそぎ自律性をうばってしまうある種の全体主義や、人権を侵害する祭儀（人肉嗜食、人身御供、性器切断）などの歴史的展開の、責任があるとされているのである。聖なるものはしたがって、人権の尊重とも、個人が真に自分自身の目的であるような社会の存在とも、相いれないものとみなされている。

2　人間中心的な批判

二つめの批判形態は、不可知論の傾向をもつ。聖なるものを人間の内なる産物、固有の想像領域とみなしながら、その対応物としてかならずしも超自然レベルの現実の存在を挙げることはない。宗教と聖なるものは人間というものの構造に属しているのであり、そこで、社会学的なあるいは心理学的なはたらきを形としていくのである。

〈社会学主義〉 デュルケムにとって、聖なるものは——多くの社会学者にとってのように——文化の数ある構成要素の一つではなく、集団生活の活力というものを表している。すなわち、社会とは、単なる個人の寄せ集めでもなければ、系統学的な進化の結果でもなく、各人に義務感をとおして強制される、個々人を超えた集合意識の存在によって規定される基本事実である。社会はしたがってこうした集合力で識別されるわけで、神話はこの力を個別的諸形態（「マナ」、神々）のなかに投影することを可能にし、祭儀はこの力を維持して周期的に再生させることを可能にする。「宗教的な力は、集団がその成員たちに吹き込むが、しかし受け手の意識の外に投射され客体化された感情にすぎない。それは客体化されるためにある事物に固定され、事物はそうして聖なるものとなる」（前掲書、p.327）。宗教の祖にしてパラダイムであるトーテミズムはまさに、集合意識の、集団を代表する動物トーテムへの投影にある。この学説は同時に、聖なるものが超越的であり、圧倒的と感じられ、また内在的でもあることの説明を可能にする。なにしろ当の集合力は、社会的なもののすき間にくまなく浸透しているのだから。その結果二つの結論がもたらされる。一つは、聖なるものは社会の存続の条件であること。たとえば宗教は、服従と社会的順応の根拠となる畏怖の感情と、集団内の同化および融合の根拠となる陽気な高揚感を維持し、祝祭と儀式は、社会をその分身である神々を通じて再生させることを可能ならしめる。いま一つは、聖なるものの活力は、宗教のなかにその表れの一つをしか見いださないこと。デュルケムにとっては、フランス革命の「神」（＝社会）崇拝も、政治家の神聖化も、歴史を超えてこの集合力を保持するさまざまな変身の一つである。神話と儀礼は社会的なものの本質そのものと混ざり合っているのだ。

デュルケムのテーゼの延長線上において、聖なるものは、しばしば「社会の霊的交流運動」として説明される。つまり、デュルケム自身は聖なるものを機能主義と結びつけているのに、他の解釈者たちはこれをたとえば「構造なき過剰のカテゴリー」に限定するとか（J・デュヴィニョー）、社会の「沸騰」と同一視するのである（M・マフェゾリ）。また、レヴィ＝ストロースはシニカルな耽美主義的態度を取り入れて、物理化学の法則によれば脳の産物となる神話や聖なる儀礼は、社会的なものの鏡としてでなければ何の役にも立たないと主張する。

〈心理学主義〉 精神分析学の創始者フロイトは、自身のかかげる抑圧された無意識的願望による人間解釈のモデルを、文化の全般に広げることができると考えた。こうした見地から信心の業と信仰は、性的欲動の抑圧にたいする神経症的な（ヒステリックな、強迫観念や不安にかられた）反応のようなものと理解されている。

個体発生〔ドイツの動物学者ケッヘルの造語で、生物の個体の発生から成体になるまでの過程〕的見地からすれば、神信仰は、その父親像が（フロイトは女性と母親の像の神聖化には言及しなかった）同時に権威主義者にして保護者であるという男性優位の審級として主体の外に投影されている、エディプス・コンプレックスの昇華の領域に属する。大人は、悲嘆にくれている子どものように、父の代わりである「神」の愛をとおして安心したいという欲求を感じたのである（『ある幻想の未来』）。系統発生〔生物の種が進化してきた過程〕の視点からみれば、宗教儀礼は行為の強迫的な反復に基づいている。宗教儀礼に付随する神話信仰は、本質的に、原始遊牧民の父親から女の所有を禁じられた「息子たち」による、原初の父殺しの追憶のようなものと説明することができよう（『トーテムとタブー』）。こうした観点からフロイトは、その「モーセ」像がたえず自分を魅了してやまなかったユダヤ一神教を、読み返すことをためらわなかった（『モーセと一神教』）。

しかしながら、宗教が神経症的な幻想を構成するというのなら、その役割を過小評価するわけにはいくまい。なぜならば欲動の抑圧と、芸術的なあるいは宗教的な安心感を与える代替物の創出とがなければ、文化（『文明への不満』）は攻撃欲動によって荒廃の危機にさらされてしまうだろうからだ。宗教は人類に強い麻酔薬を与えるのでありまた、今も昔のように、「神々は果たすべき三つの使命を持ちつづけている。一、自然の力を清めること、二、とくに死において見られるような運命の過酷さをわれわれに受け入れさせること、三、文明人の共同生活が人間に押しつけている苦痛と耐久の埋め合わせをすること」[2]。

のちに、フロイトの欲動と神経症の観点は彼の弟子たち（J・C・フリューゲル、E・ジョーンズ、T・レイク）の研究や、N・ブラウン、P・リクール、L・ソンディ、A・ヴェルゴートらによる批評の刷新のなかに、ふたたび見いだされる。

同じころ、深層心理学者のユングはその『心理学と宗教』において、宗教の想像世界はプシケpsyché〔心、魂、精神〕の無意識構造のなかで準備されているので、神々への信仰は、必然的に心的現象psychisme における先天的な元型の発達の結果であると主張する。「ヌーメン的な」力と、聖なるものの骨組みである普遍的象徴形式とで構成されているプシケは、したがって、一連の内的変容、すなわちプシケの表層形態から「自我」le Moi を離反させ、その〔自我の〕内において個性化の過程を活性化し、そしてこれ〔個性化過程〕を、「自我」のなかで神性の完全な実現と一致する人格（le Soi〔自己〕）の統合状態にみちびくという、内的変容を活性化することになる。他方『心理学と錬金術』では、ユングは信仰実践のなかに、心理的治癒の形式よりは、たとえば霊的統一性の探究の遂行を可能にする、真の知恵やイニシエーション、錬金術への到達を多く見いだしている。錬金術師は、物質の変成操作によって、「自然」の精神化〔霊化〕という仕事に象徴的に参加する。つまり彼は、神の「一－全」とあらゆる対立物の一致との象徴である原初の両性具有者像を自己自身のうちに現実化しながら、「自然」を絶対的統一へと向けて導きだすのである。

さらに同じ系統につらなるものとしてJ・ヒルマンやD・ミラーの研究がある。そこでは異教の、とくにギリシアの、神々のパンテオンがプシケの実存的状況の地図を構成していること、および神話的聖なるものへの回帰が人間存在の開花の条件であることが指摘されているのである。

II 非神聖化をめぐる議論

聖なるものは、意識の転変のある一段階とだけではなく、すべての意識の基本構造と重ねてみられうるが、とはいえそれ〔聖なるもの〕が、少なくともこの一世紀来、西洋において議論の余地のない変容を遂げたことは否定できない。聖なるものの種々の理論は、しばしば簡単に非神聖化と呼ばれているもの・ことの、まさに性質と原因について見解を異にしている。この語〔＝非神聖化〕は、事実さまざまな状況を包含しているため、現代の多様な再神聖化の複雑さをうまく説明しえない。

聖なるものの解釈者たちはこぞって、西洋社会が、十八世紀以来、徐々に、聖なるものの構造と行動の〈脱宗教化〉*laïcisation* 時代に入ったことを認めている。これはたとえば、いくつかの政治・教育制度や社会福祉にたいする「教会」の統制力の低下、あるいは行動・性倫理における非宗教的な規範の要求となって現れた。こうした脱宗教化は、「教会」と「国家」の分離におけるように、法的な承認によって、またはほとんどの場合は、聖なるものの社会生活に及ぼす影響の単なる事実上の低下によって表されている。そうして、集団生活（祝祭、通過儀礼）なり私生活上（婚礼、葬儀など）の重要なモメントは、しだいにあらゆる宗教的認証とは無関係に執り行われることになる。したがって社会の脱宗教化は、キリスト教共同体それ自身の〈非キリスト教化〉*déchristianisation* を相伴うのである。非キリスト教化は、多くの社会学的な記述において（G・ルブラ、F・イザンベール、D・エルヴュー＝レジエ）、信仰実践率の低下によっても、秘跡の象徴的な漸進的衰退によっても証明されている。その位階制構造のなかで弱体化し、しばしば求人難にあえいでいる「教会」は、私的な、純粋に霊的な特権領域に閉じこもってしまい、歴史的にますます効力を失っていく。〈非聖職化〉*décléricalisation* は聖職者階級の権力と威信の衰退をもたらしたが、それにかわって、合理化され、またもはや神聖でもない文化の伝播と監視を引きうける新しい聖職者たち clercs が台頭する（教授団、高級官僚、文筆家）。〈宗教色の排除〉*déconfessionnalisation* は、ことにキリスト教においては、さまざまな宗派（カトリシズム、プロテスタンティズム、東方正教会）の教義と祭儀のアイデンティティを弱めることになった。それでいて、このエキュメニズム〔世界教会運動〕が信仰実践の復活に寄与することはないのだが。

聖なるものとは無関係な市民社会の領域の拡大と、宗教的な領域の内的衰弱、この二重の動きはしかしながら相反する評価の対象となる。

1．伝統主義的な考えは、過去の社会が、ときに行き過ぎがないわけではないが、少なくとも人間を神的なもののまわりに秩序だてることができた限りにおいて、その社会の模範的な価値観をよりどころとしている。だが、これとは反対に、現代の世界は「壊れた世界」（G・マルセル）である。すなわちそこでは、人間と社会と「神」とのあいだの調和が断ち切られ、超越性と人間の有限性との意味が失われてしまった。進歩主義的イデオロギーの発展、非宗教化した理性による生活の侵害、しばしば無秩序で人を輝かせるどころではない自由の崇拝が、欲求不満と不安を助長した。こうして、文化の非神聖化の拡散は、現代性の真の危機、文明の衰退への強い傾斜、さらには権力欲と無節操の陶酔に、あまりに引きつけられてしまった人間の、一種道徳的な退廃へとつながっていく。この、非聖化された人間の深刻な孤独〔神に見捨てられた状態〕が、二十世紀の半ば以降の実存主義や人格主義（J・ブラン、J・M・ドムナック、エリュール、E・ムニエ、G・ティボンなど）の、道徳的ないしは哲学的な考察の中心にはあるのだ。この姿勢が、ときおり宗教的な教条主義となって激化し、その原理に適う聖なるものをさかんに時代の裏切りに対決させているのである。そしてその一方で、ゲノンら他の者たちは、たとえば〈鉄の時代〉*Kali Yuga* という暗黒時代を予知するヒンドゥー教の循環モデルに従って、伝統的な科学のなかに、抗しがたい退廃の前兆となるものを見てとるのである。

2．こうした悲観的な解釈とは対照的に、進歩主義的な考え方は、宗教的進展が、歴史一般と同じように、あらゆる神聖後見からの解放運動にぜひとも続くことを期待する。この点からすれば、「神」の超越性によって呼びおこされる恐れと期待から人間を解放する非神聖化は、世俗化 sécularisation（この語は現代を意味するラテン語の *saeculum* に由来する）に、つまり個人と集団の生活のあらたな条件に合わせた宗教的体験の実施に、結びつけられねばならない（H・コックス、G・ヴァハニアン）[3]。なるほど世俗化は、脱宗教性 laïcité が「世俗主義」laïcisme の戦う教条主義と別であろうとするのと同様に、あらゆる超越性に対する人間解放の勝利のイデオロギー表明とみなされている「現世主義」**sécularisme** と、いつも一つになるわけではない。にもかかわらず、多くの人は、世俗化をうまく利用してあらたな神人関係のかたちを作りあげようとする。この意味で、世俗化の神学は、伝統神学の基本原理に猛然と異議を唱えているのである[4]。

3．以上二つの立場は、対立してはいても、聖なるものの歴史化とその過ぎ去ったものとしての主導権を認めている点で一致する。このほかにもう一つ、より社会学的で構造主義的な観点があるが、これは、聖なるものとその文化的変容について、どんな道徳的判断を下すことも、どんな神学的評価を行うことも認めない。社会学者が脱宗教化 laïcisation と世俗化のプロセスのなかに見ているのは、聖なるものの衰退でも再生でもなく、単なる移動にすぎないのである。現代世界はたしかに多くの種類の宗教的表現を放棄したが、しかし同時に、神々とは別の事物の方への聖なるものの移動を保証している（デュルケム、デュヴィニョー）。言い換えれば、象徴的な想像世界は、その実施体制が変わっても不変であったということである（デュラン）。F・ラプランティヌはこう指摘する。現代の聖なるものはいかにも分裂病的なさまざまな形態をとったが、しかし「すべてはあたかも、どんな人間集団もさまざまな価値、ある絶対、ある希望、要するに聖なるものの経験と呼ぶべきものの観念――明確にせよ漠然としているにせよ――はえられずに、構造的な機能不全にあるかのように生起している[5]」。同様にバスティードにとっても、聖なるものは、それ自体の社会文化的な諸変化の結果、たしかに集団統制からのがれ、「野生の聖なるもの」となり、産業社会の過酷さに対して一介の代償機能を保証してはいるが、それでもやはり、社会的なもののなかに同じ「熱狂的推進力」を吹き込んでいることに変わりはない[6]。これらすべての場合において、社会学者はエリアーデの総括に同意する。「自分が無宗教であると感じそう主張する現代人は、とはいえ、なお、まるで偽装神話とでもいえるほどのものと数多くの堕落した儀礼主義とをもっている[7]」、だから「人類全体が完全に非聖化されることは決してないと思われるし、われわれには全面的な非聖化が可能かどうかを疑う権利がある[8]」。だが、共有される観点がどうであろうとも、規範的であろうと記述的であろうと、悲観的であろうと楽観的であろうと、以下に、非神聖化を助長している原因を説明していかなければなるまい。

III 文化の世俗化

非神聖化は、ある知的運動の結果であるだけでなく、文化の全体に影響を及ぼしもする。それは、

M・ウェーバーによって例証された世界や社会の合理化のように、外的理由に因ることもあれば、「聖典」宗教において聖なるもの独特の地位だけに備わっている内的理由に起因することもある。

1　聖性 sacré から神聖 saint へ

アブラハム伝承における一神教の出現は、聖なるものの最初の大きな変容を促したように思われる。とすると、世界の非神聖化のプロセスは古代ユダヤ教までさかのぼらせることができる。

〈一神教の急変〉　伝統主義者・近代主義者を問わず、何人もの解釈者（エリュール、A・アベカシス、E・レヴィナス、R・メール、コックスほか）が、「聖典」宗教において見られる太古の聖なる sacré 媒介から精神的神聖 sainteté への置き換えに、より高い価値を付与している。後者はもはや聖なるものの一極ではなく、聖なるものの純化、いやその変成による代替といえるだろう。この急変はすでにフェステュジエールによってみごとに例証されている。彼はキリスト教的神聖 sainteté に、すでに原初的聖性 sacré（ギリシア語 *hieros*）からは区別済みの、異教的神聖 sainteté（*hagios*）を対立させる。たとえば、賢者とは反対に、〔キリスト教の〕殉教者にとって「重要なのは、自発的な努力によって自分に打ち勝つことではなく〔中略〕むしろ外部から受ける超自然的な力によって打ち負かされ、満たされるに任せることである。いかなる善もイエス・キリストを介してしかもたらされず、また、どんな努力もまったく人間的なものは無意味である」[9]。それゆえに、とくにキリスト中心主義的な立場に基づいて、異教的聖なるものとキリスト教的神聖との対立を強固にすることができるのだ。かくして、O・ニグレンによるギリシア的愛（*Eros*）とキリスト教的愛（*Agapē*）の区別にならって、ある人は人類学的な聖なるものを神に関する聖なるものに対立させ（D・デュバルル）、ある人は前宗教的な聖なるものを宗教的な聖なるものに対立させている（ヴェルゴート）。

ユダヤ教とともに、人間と「神」の関係に根元的な変化が起きていることはまちがいない。はじめて、「神」がもっぱら自然の諸力だけをとおして現れることがなくなる。「創世記」は唯一の「神」、世界の一度だけの創造主を介入させる。「自然」は口をつぐみ、あらゆる魔術的な力から手をひく。それに加えてヘブライ人たちは、以前のメソポタミア信仰に特有の、事物や動物への偶像崇拝を猛然と告発する。宇宙的神学が歴史的神学に道をゆずるのである。

一方で、「神」はもはや世界のなかにではなく、みずからが世界にたいする約束の伝達者として選んだ民のために現れる。「神」はそれゆえイスラエルの民を分離し、これを聖なるものとした。聖なる時空と「神」との原初的な関係は、聖別された民と人格神の契約関係に転じた。ヤハウェはモーセにこのように語る（出エジプト記一九章五—六節）、「今、もしわたしの声に聞き従い私の契約を守るならば、あなたたちはすべての民の間にあってわたしの宝となる。〔中略〕あなたたちは、わたしにとって祭司の王国、聖なる国民となる。」〔新共同訳による〕

もう一方で、「神」は「歴史」となった[10]。エリアーデも述べるように、「このユダヤ民族の「神」はもはや原型的な行為による東方の創造神ではなく、たえず歴史に介入し、自分の意志をさまざまな出来事（侵略、攻囲、戦闘）をとおして啓示する一個の人格である」[11]。時代のおのおのの時期はしたがって、神の人類解放への参加の比類なき一段階となる。贖い主の到来を告げることによって、ユダヤ教の「神」は循環的で反復的な歴史にけりをつけ、預言体系による世界を時代の終末へと向かわせる。聖なるものが称揚するのはもはや神話の非時間的なものではなく、神聖な sainte 歴史である。ユダヤ教の主要な祝日は、もはや自然のリズムをではなく、聖なる歴史の変転における重要な出来事を刻む。G・ファン・デル・レーウも言う。「タブーに関連した古代の春の月祭りにかわって、イスラエル人をエジプトから脱出させる「神」の有益な行為を祝うようになったとき、何かまったく新しいことが始まった」（前掲書、p.384）。

最後に、神の啓示は、もはや物質的実在を介してではなく、もろもろの（もはや力でも形でもなく）意志を統合することば《パロール》を介して行われる。ユダヤ教は、示現的宗教を、神のことば（*kérygma*）の声明文の解釈学に置き換える。リクールいわく、「名前の神学は偶像の示現と対照をなす[12]」。このようにして、物語としての神話の示現的形態は、「福音」すなわちメシアの知らせにとって代わられる。

キリスト教はといえば、ただ一度の（*hapax, semel*）聖なる出来事の存在、もはや反復可能な事象ではなく、人類の不可逆的な出来事である、受肉した「神の子」の生と死をとりわけて強調する。異教的神聖は人間のまわりに多くの実在的な同時代の表徴を配置するが、他方「仲介者」への信仰は、過去の証言〔新約聖書〕のなかの信徳に立脚している。フィンクも言うように、「宗教がよき知らせの宗教になればなるほど、そのかなめは言表しやすくなり、またそれに応じて魔術的内容や神話的光景が、また一般的には、礼拝の遊戯的性格が消えていく[13]」。

聖なるもののこうした地位の変化は、二つの世界観の衝突という深刻なかたちをとった。たとえばキリスト教の初期には、古代の聖なる神話や儀礼と、キリスト教徒たちの神聖な歴史がはげしく対立するのがたびたび見られたのであって、キリスト教共同体は、公民精神の欠如や平和主義的口論という戦術によって、長いあいだローマの市民社会に抵抗し、ついには殉教者崇拝に至ったのである。教父たちは、ギリシア人たちを悔い改めさせている聖パウロの教えをよりどころとしてイコノクラスム〔聖像破壊運動〕を奨励する。「わたしたちは神の子孫なのですから、神である方を、人間の技や考えで造った金、銀、石などの像と同じものと考えてはなりません。さて、神はこのような無知な時代を、大目に見てくださいましたが、今はどこにいる人でも皆悔い改めるようにと、命じておられます。それは、先にお選びになった一人の方によって、この世を正しく裁く日をお決めになったからです」〔使徒言行録一七章二九―三一節〕〔新共同訳〕。初期の公会議はキリスト教以外の宗教儀式を漸次禁止し、キリスト教徒の皇帝たちもまた異教の文化的表徴の破壊に協力した。たとえば、テオドシウスはオリンピア〔ペロポネソス半島北西部にあった古代都市〕の破壊と、聖なる「祭典競技」の廃止を命じる。六世紀にはユスティニアヌスが全神殿の閉鎖を宣言し、さらにグレゴリウス二世と三世は、八世紀になってもなおはげしく農耕供儀や魔術の実践を攻撃していたのである。

古代とキリスト教にはさまれたこのむずかしい過渡期は、ときに断定的な評価の対象になる。すなわち、オリゲネスに対立的なケルソスの命題やニーチェの命題をもちだす側にとって、キリスト教は、活気をそがれた平等主義の世界観を優先させて、古代の道徳と宗教を壊した罪がある。(14) 逆に、〔近代の〕世俗化のいくつかの動向は、こうした異教《パガニスム》の非神聖化のなかに、現代における非神話化された信仰の出現の兆しを見ている。(15)

〈聖なるもののシンクレティズム〔混合主義、諸説混合〕と不変性〉

「聖典」宗教のこうした非神聖化はしかしながら、民族誌学者や比較宗教学者よりも神学者の眼にはっきりと現れる。宗教間・宗派間の溝はふつう教義の言明においてより神聖の表現における方が小さいのだが、いずれにせよキリスト教は多くの歴史家の見るところ、大宗教に特有の習合能力を例証している。イスラム教が、農村の聖なるもの（護符、予知夢、とくに北アフリカのマラブー〔隠者やその墓〕崇拝）をとおして残存している、イスラム文化以前の古層を保存できたのと同じく、キリスト教も、エリアーデによれば、新石器時代の農耕ヨーロッパの遺産を統合したのであった。しかも、そのさまざまな神聖形態を同化する能力は、一つの宗教の成功と発展の原因そのものとして解釈することができる。キリスト教について言えば、古代文化との見かけの対立の下に、じつは疑いようのない連続性が潜んでいたように思われる。初期の福音書〔のテクスト〕は、ギリシアの言語と精神からたくさんの宗教的イメージを取り入れていた。エリアーデは、キリストの神聖な歴史と多くの聖なるシナリオとのあいだに存在している象徴的類似性を強調する。たとえば「キリスト受難」のサイクルは、地獄下りと昇天を交互に行う「再生」もしくは加入儀礼の図式にぴったり一致するように思われる（オシリス－ディオニュソス）。また「十字架」の象徴体系はしばしば宇宙論型の普遍的象徴主義に関連があると考えられてきた。洗礼の儀式は、すでに「洪水」神話のなかに存在している水の象徴主義の原型と無縁ではない。

そのうえ、キリスト教文化はあきらかに先在の大きな時空構造に属している。「教会」の暦はキリストの神聖な歴史を古代の暦の近似した時間域に転記したものである。キリストの誕生は異教における冬至の祝日と一致し、また、聖ヨハネ祭は夏至の日を占める。キリスト教の主要な祝祭は、中央ヨーロッパの農耕上の象徴主義と深く結びついており（クリスマスツリー、復活祭の卵、豊作祈願の穀物など）、宗教建築、なかでも大聖堂の建築は、最古の古代文明に起源をもつさまざまな伝統を継承している（この伝統はフリーメーソンによって引き継がれている）。

聖なるもののこうした復活は、中世キリスト教社会の均衡のなかにおいて、おそらくその頂点に達している。中世キリスト教は、至福千年説が信じ込ませているような預言的歴史の神聖化のみに努めていたわけではなく、むしろ（フランシスコ会伝統のなかで）自然の聖体示現的な次元を再発見していたのだ。エリアーデは、アンティオキアのテオフィルやローマのクレメンスが、季節の変化や昼と夜の交替を聖なるしるしにしていることを、またデイビーは、十二世紀の修道士と神学者（サン・ヴィクトールのユーグ、アラン・ド・リル、ビンゲンのヒルデガルト）にとって、宇宙は目に見えないものの可視的反映の役割を果たしていることを想起させる。同様に、ローマ美術はキリスト教以前の神聖の数えきれない記憶を組み入れる。そうして、オルフェウスやケルベロス、また占星術や東洋の要素が、ユダヤ・キリスト教のシンボルと隣り合うことになる。こういう相互浸透は文化のもっとも目立たぬ部分にも確認される。たとえばカイヨワはその一例を遊びのキリスト教化のなかに見てとる。そこでは石蹴り遊びに、迷路としてバジリカの床面を提供することが、またチェスのキングを、聖母崇拝の圧力の下にクイーンの駒に置き換えることが許されている。

したがって、キリスト教を、非聖化された宗教心のまわりに凝固した一枚岩の宗教に帰するのは正しくないであろう。しばしばその神学的特性を主張することしか頭にない文化水準の高い宗教のかたわらで、民衆のキリスト教が、開放的で流動的な神聖を伝えているだけになおさらである。(16) 宗教の想像領域は、しばしば粗野な類の聖なるものをともなうこともあったが、しかしそれらが周期的な危機（シスマ、異端、および非キリスト教化そのもの）を越えて果たした、連続性と持続性の機能を過小評価してはならない。癒しの聖人崇拝、農耕祭、信人会、巡礼、そして聖遺物崇拝が混然となって、キリスト教的正統の内部に、多様な聖なる生活を保持してきたのである。

〈ポストキリスト教社会に向けて？〉　だが、聖なる伝統の永続性にもかかわらず、キリスト教はイスラム教やユダヤ教以上に、積極的な世俗化と、文化からの自主的撤退にさえ貢献してきたように思われる。ルネサンスに始まる科学・技術の発展に直面する以前に、すでにキリスト教は、その象徴的支柱の凡庸化と画一化をさまざまな形で経験していた。H・コルバンやデュランは、キリスト教思想が十三世紀以降、とくにアヴェロエスの知的遺産を通じて、したがってイスラム文化に保存されていたアヴィセンナによる新プラトン派の伝統を放棄することによって、断固アリストテレス論理学を選んだのだと主張する。この「真の形而上学的な破局」は、神的なものの象徴的媒介の衰退に、また聖なるものの合理化と歴史主義化に帰着する。ホイジンガは中世末における象徴主義の風化を叙述しているが、このことは、象徴主義がすでに、ルネサンス期にしばしば取るに足りない神話が生みだされるよりも前に、恣意的アレゴリーと化していたことを意味するのである。(17) R・ガルディーニにとっても同様に「宗教生活は少しずつ定型化、図式化に移行する。それは生の本質的構造との接触を失って、もはや存在を把握することも、「形づくること」もない」。(18) 舞台芸術（物真似、仮面劇または演劇）は、かくして定期的に「教会」から非難されることになった。一般に、オットーも指摘するように、ヌミノーゼは「合理的な、目的論的な、個人的な、および道徳的な要素に完全に浸透されて、飽和状態になる」（前掲書、p.157）。

　プロテスタントの宗教改革運動（十六世紀）はまちまちな評価の対象になっている。ある人々に言わせれば、ルターが火ぶたを切った急変は、聖なるものを「文字」から「精神」へ、「教会」から信仰へと移動させることで、律法主義によって硬直化し、権威主義によって堕落していた宗教の再生を可能にした。とはいえ、のちに反宗教改革の反動が（一五四五年のトリエント公会議）、聖職者の支配的傾向と教義神学とをふたたび強化することになったのではあるが。別の人々は、プロテスタンティズムは反対に、人と神の関係が聖なる仲介と華やかな儀礼を犠牲にして内に抑えられていくことによって、宗教的なるものの知性化と主観化に至ったと言う。聖なるものの管理の再検討はこのようにして、それ自体が世俗化の源となる宗教感情を生みだしたのかもしれない。ヴァハニアンは、プロテスタンティズムと、千年王国思想と、ユートピア的理想主義とを結びつけた緊密なつながりを力説しているが、これらは人間の希望をある歴史的な「王国」だけに制限する、世俗主義、内在性の神学、ならびに「一元論的サクラメンタリズム」の直系の元祖である。おまけに、この同じ運動は他の諸宗派にも広がり、それはキリスト教全体が、M・ハイデガーの言葉を借りれば、「神々の略奪」（*Entgötterung*〔脱神化〕）に関して責任があるとみなされかねないほどであった。「ものごとがそんな状態になると神々は姿を消す。その結果生ずる空白は、神話の歴史的かつ心理的な探究によって埋められる。[19]」

このような状況のなかで、とくに十六世紀の宗教改革以来、いくつかの宗派のまさに内部において批判的検証がすすめられていった。つまり、彼らにとって疑わしく、不適切で、場ちがいと思われるあれこれの要素を、信仰から取り除いていったのだ。そうやって、とりわけ一神教の三つの伝統が、主要な文化的・象徴的媒介を絶った内的信仰の観念を発展させた。〔古代の〕神聖 sacralité 批判は、〔キリスト教の〕神聖 sainteté 重視を準備する（レヴィナス）。後者はとくに敬虔派のプロテスタント運動の特色を示したものであり、それは、とかく異教や偶像崇拝をはぐくみがちな身ぶりによらずとも、「神」には直接心によって接近できると主張する。宗教的なものから人類学色の濃すぎる要素を取り除きたいというこの欲求は、ただそれのみが人間に神的なものとのつながりを持たせるだろうことばの啓示を、人間と「自然」と神々のあいだに置く「聖典」宗教に、より高い価値を与えることになる。こうした、テクストの実行に関心が集められた聖なるものの優位は、したがって、テクストの知的で精神的な解釈を、過度に感情的で象徴的なもろもろの示現に対立させるのである。そうして儀式的・礼拝的な聖なるものよりも、その読解だけが、象徴的な深さと人と神のあいだの仲介機能とを保証しうる、テクストの精神的実践のほうが好まれることになった。そのとき言説もしくは表象が、人間に充てられた神の「御言葉」として現れ、このことが人間に宣教的 kérygmatique 真実を授けるのである。[20]

歴史のこの点にかんしては三つの見方がある。まずは、聖なるものの現状を、少なくとも部分的にはキリスト教に起因する、不可逆的な衰退の徴候とみなす観点である。キリスト教はいまや、聖なるものを管理する能力も、「神」の権利を社会と文化のなかに保証する能力も失って、聖書の象徴体系が時代錯誤・時代遅れとしか受けとられないようなポストキリスト教社会のなかに、現代世界を入れている。その反対に、あるいはこの非神聖化というものを、何世紀にもわたり、抑圧的な超越性に支配されてきた宗教に対する解放とみなすこともできるだろう。それによってわれわれ現代人はついに、己の自己陶冶の倫理に還元される、真正の宗教的価値に従って生きることが可能になっている。最後にはまた（ジラールやM・ゴーシェも言うように[21]）、ここに一神教の真の使命が実現していると考えることすらできる。一神教は、そもそもの始源から、見えざるものによる支配の衰弱と、聖なる他性と差異の人間社会への還流とに基づいていたのであった。

2　世界の脱呪術化

非神聖化は宗教の変容だけによっては解明されえない。市民社会それ自体のなかで、科学・技術的理性の発展が、聖なるものに頼ることをしだいに無益なこと、いや退行的なことにしてきたのである。かくして多くの分析が、伝統的世界像の崩壊における負の結果を記述してきた。たとえば、一方に精神的空白が、他方に文化の機能不全がある。象徴的で神聖な次元の排除はつねに、世界の深遠さと社会の複雑さとの二重の縮減に結びつく。

伝統的世界は、これを構成する聖なる空間と時間がその質的な識別能力を失うとき後退する。科学技術による自然の征服に付随して起こるその過程を、ウェーバーは「世界の脱呪術化（*Entzäuberung*）」と呼んだ。宇宙は地球中心説の放棄によって大きくなっていくまさにそのとき、同時に、その神秘と驚異を除去する法則に従っている。人がかけめぐる空間、人が住みあるいは技術によって改造する空間は、

「量の支配」（ゲノン）に従属している。絵画芸術の幾何学的な遠近法主義、劇場の閉じたシンメトリックな舞台、都市の機能的で整然としたプラン、中央に集められた交通網が、空間の画一化に参加する。かつて、その中心的な地位ゆえに世界から切り離されていた聖なる場所は、今はほとんど価値がなくなり周辺地域と化している。と同時に、時間は自然に根ざしたリズムを失い、抽象的で規格化されたものとなる。諸現象の測定や集団活動の編成のための道具（大時計）である量化された時間は、生産性、コスト、スピード、あるいは記録への崇拝をどんどん助長する。

　自然の活用は社会生活の画一化と歩を一にしている。工業文明の台頭は、人々にしだいに強い拘束をかける。それは労使間紛争を激化し、労働時間をふやし、物的所有への、また経済財のみに負っている威信への関心を発達させる。何人かの理論家たちが、伝統主義者も革命家（G・ドゥボール、R・ヴァネーゲム）も、民族誌学者（ヴァラニャック）も社会学者（G・フリードマン）も、どのようにして工業社会の生活様式や、経済世界の規範が、生産の仕事からその伝統、その創造的側面、その夢想に満ちた物質との接触、その祭りや通過儀礼による断絶を排除することになったかを示してみせた。仕事におけるこうした人間的環境の衰弱は、遊戯と、無償性と、象徴性の意味を消し去った。生活と仕事の環境、社会性の諸形態、あるいは共同体の価値観におけるこの極度の変化が、多くの人には聖なるものの死に調印したように見えている。

第三章　聖なるものの変容

しかしながら現在のこの時代においてわれわれは数多くの「ディサクラリザシオン」（アクアヴィヴァの用語）のプロセスを目にしている。すなわち、かつての聖なるものの諸断片をまったくあらたなかたちに再構成することで、非神聖化と再神聖化とが同時に生起するプロセスである。これを嘆こうが、ここに文化の活力のしるしを見ようが、ともあれこれらのプロセスは、現代人がどのように行動し何を熱望しているかを明らかにしてくれる。ヌミノーゼのあらたな経験の再創造、あらたな祭式の案出は、こうして、宗教の非神聖化がもたらす閉塞感や失望に――効果的なまた時にはむなしい仕方で――抵抗し、反対するのに役立つのである。ところがこの聖なる再活用は行きあたりばったりになされ、大体が予測不能で、結局のところアノミー〔社会学で、行為を規制する共通の価値や道徳規準を失った混沌状態〕にいきつくのだ。たしかに、この神的なものがすでに不在になった文化の再神聖化を企てるために、だれにもわかるような基本軸に沿って聖なるものの二つの伝統的な極をよみがえらせてはいる。エリュールに言わせれば、「現代の聖なるものは全体が二つの軸のまわりに配置され、それぞれの軸は、片や遵守と秩序の、片や違反の、二つの極からなっている。第一の軸は「技法-性」の、第二の軸は「国家-国民-革命」の軸である」[1]。一方では、実際、現代社会は、侵犯による聖なるものを活気づける烈しい過剰行為《エクセ》の爆発を知っている。性的法悦の秘儀、社会的アノミー、少数派（学生、民族集団など）による反乱は、いずれも「失神状態」による神聖行動である。バスティードによれば、失神状態は「禁止された幻想の無秩序な群れを心の深淵から狩りたてることによって、漠然として曖昧であり続ける他性の純然たる実験、無動機の行為や単なる反抗行為など、規則システムとしての社会的なものへの異議申し立てであると同時に、個人への、つまり――禁忌に身を任す社会的なものの――私的なアイデンティティとしての個人への、異議申し立てであろうとする」[2]。他方では、聖なるものは、圧倒的な権力（信託統治受託国ないし全体主義国家）の幻惑のなかに、また加入儀礼や聖職者会議の式典を最新のものにする、規則的な集団儀式とカリスマ的位階制（政党、組合、セクト）への欲求のなかに、宿って生まれ変わる。多くの場合、このようなかたちの神聖は衝動的な活力によって生じるため、そこに伝統的な聖性示現の象徴的な第一歩を見いだすことはない。カイヨワも言うように、「ある対象、ある原因またはある存在を聖なるものにするために、すべてがまるで、それを至高の目的とみなし、それに自分の人生を捧げ、つまりそれに自分の時間と力と関心と野心を捧げ、必要な場合には、それのために自分の存在を犠牲にしさえすればよいかのように行われる」[3]。そしてその結果、今日では何でも無条件に、たとえばG・ソレルによって称揚されたゼネストのような新しい神話の機会でも、大型スーパーマーケットや団体旅行における消費のような新しい儀式の機会でも、聖なるものになることができる。再神聖化はしたがって、まさしく「汎-神聖化」のようなものといえるのである。[4] それにまた、世俗化の企てはといえば、これは往々にしてあらたなタイプの聖なる投入を覆い隠している。そこでは「世界の神聖化が生みだす眩惑は、いかなる点でも世界の非神聖化から生まれる眩惑に勝るとも劣らない[5]」。

I　再神聖化と現代性

1　政治的な宗教

現代の政治的なものの領域は、契約論的思考の到来とともにある種の合理的自律に達しながらも、一方では神学の範疇から（たとえ聖なる象徴体系が政治的なものの超えられない土台と考えられるにしても）[6]、また他方では、政治的なものを宗教に近づける聖なるものの表現様式から、なかなか解放されないでいる。初期のキリスト教異端の勢力圏においては、たとえば、アウグスティヌス伝統に特有の市民社会の自律とは対照的な、千年王国思想の神聖が広がった。この思想の教義は、天上の輝かしいエルサレムの写しである地上のエルサレムに、千年間の治世を創始するために、「メシア」の待望、あるいはキリストの人間界への帰還の待望をめぐって展開する。人類の歴史におけるこの改良とこの完成はしかしながら、もはや教父やグノーシス主義の神学におけるような、魂の償いの霊的なあるいは夢想的なたとえ話として象徴的に解釈されることはなく、むしろ現実の切迫した出来事のように意味づけられている。こうした、世俗化され歴史化された天国への期待は、とりわけ十六世紀のT・モア以後、ユートピアになった。

完全な社会の空想的な探究、これは政治的なものの領域における現代の神聖化の前触れとなった。そこで真の「世俗的宗教」の誕生について触れることになるが、この表現には、早くも一九四三年にはR・アロンによってつぎのような意味が与えられている。「われわれ現代人の魂から消えうせた信仰にとってかわり、この世に遠い将来、あらたに創設すべき社会秩序のかたちで人類の救済を位置づけるような教義を、私は「世俗的宗教」と呼びたいと思う」。このようにして、人間存在の全体を引きうけて、それを地上の領域のみならず各人の霊的使命をも方向づけながら、完全な集合状態へとみちびこうとする、種々の政治理論や統治機構が登場した。そうして前世紀以来、国家、国民、ある社会階級または「優れた」民族が、この宗教的使命を帯びることになった。

民族（これは祖先たちの祖国‐土地という、領土・民族上の古い意味とは異なる）主義的神話によって例証される、十九世紀における国家の中心観念《イデ・フォルス》の神聖化は、宗教的神聖がもはや個々人に神々の支配下にあることを許さなくなるや、彼らがみずから歴史を通じて作りあげる集合存在について持つ表象に由来している。国家共同体は、集団生活の再生を負わされた祭りをとおして定期的に記念する、起源神話、創設英雄の力を借りて歴史的人格を身につける。国家は、各種集団と二次的共同体におけるさまざまな違いを統合し、メシア的権力を発達させる。かくして国家は、聖なる世界が俗なる世界、いや不浄なものと対立するように、他の国々と敵対することになる。M・ロダンソンにいわせれば、国家主義的なイデオロギーは、「集団どうしの競争、衝突、闘争を、善と悪との果てしない戦いと同一視する傾向にある」[7]。同様に、超越的な力としての国家は、宗教的なものの領域における不可見の権力と同じ資格で、その構成員たちに無条件の忠誠と犠牲を求めることができる。つまり国家の将来とは、本来ある合理的な計画に由来するのではなく、その始源から、守るべき遺産、忠実に反復すべき価値総体のなかに書きとめられた、聖なる使命というものと一体となっているのである。民族主義の急激な発展はしたがって、そこにおいて国家が宗教的象徴体系の変成の源となるような、真の世俗的宗教の地球的規模での波及を可能にしたのであった[8]。

二十世紀初頭に始まる、マルクス主義哲学にそのイデオロギーの根を張るさまざまな政治体制の出現は、社会の諸階級のほぼ宗教的な価値づけをも発展させた。国家または国民の神聖化は一元論・統合型の想像領域を賦活するが、社会階級や純血民族の神聖化は、二元論的な想像領域を伝達する。マルクスの考えでは、経済的貧困、政治的抑圧、ならびに社会意識の喪失は、敵対する階級間どうしの闘争から生じるのであり、そこでは支配階級（資本主義的産業経済ではブルジョアジーと同一視される）が労働者階級にたいして、一方的で容赦のない支配を維持している。ある歴史学（史的唯物論）の法則に従えば、必然的にして予測可能な共産主義社会の到来は、階級間闘争の激化や、プロレタリア階級によるブルジョア階級の猛烈な排除を予想させる。それは、プロレタリア独裁という過渡期を経て、階級なき社会を生みだすことだろう。このような社会史のビジョンと、その影響を受けているマルクス主義国家のあらゆるイデオロギー言説は、したがって、プロレタリアートの摂理による使命をめぐって展開する。そうして多くのマルクス主義の解釈者たちが（N・ベルジャーエフ、A・ブザンソン、J・フロイントなど）、プロレタリア階級とユダヤ教における選民とのあいだ、階級闘争と至福千年説における世の終わりに先立つ苦しみとのあいだ、共産主義社会と地上における悪の歴史を閉じるメシア王国とのあいだ、それぞれの類似性を強調したのであった。

そして最後に、自然淘汰にかんするダーウィニズムの諸説と、十九世紀の社会学における民族概念の延長線上に、純血民族の優位に基づく政治的神話があらわれた。ドイツにおけるナチ党のイデオロギーは、ドイツ国民の歴史のなかに芽生えていた秘められた帝国（〈第三帝国〉）の実現を望んだが、その中心人物は、伝説の、宿命的アーリア民族の純然たる子孫でなければならなかった。社会の運命を宇宙規模の生物学主義〔人間の行動や社会現象を生物学的観点から説明する立場〕の枠内にふたたび組み入れるというこの計画は、まさに政治的宗教と呼びうるものを設立する。ヒトラー政権は、第二次世界大戦のはるか以前に、民族的な聖なるものの重要な支柱をふやしている。たとえば、人種の起源神話の定式化、自然と血と死の力の称揚にあてられた集団祭儀の増加、国民社会主義「政党」の頂点に立つ真の高位聖職者会、イニシエーション組織、通過儀礼をともなう青年団、そして、壮大な集団祝典を使った〈総統《フューラー》〉の崇拝。この、血と至福千年説の預言によって結びつけられた民衆の宗教は、聖なる領分を穢す不浄だと考えられたあらゆる民族範疇（ユダヤ人、ジプシーなど）を除去することで、集団浄化に到達する。アーリア民族とドイツ国民の神聖化は、一種の世界的規模の闘争（全面戦争および殲滅戦）をもたらすことになるが、その果てには、生まれ変わった世界の夜明けがおとずれると考えられていた。

結局、これら現代のイデオロギーはみな、部分的な欠損や歪曲はあるにせよ、かなりの程度まで諸宗教をよみがえらせるとともに、聖なるものの論理を政治と社会の歴史のなかに移動させることになる。H・アーレントやJ・P・シロノーは、先の二つの体験において、全体主義社会が世俗的宗教を通じてどのように組織されているかを示している。世俗的宗教の下では、元首にたいする個人崇拝（スターリンやヒトラー）、独裁政党のピラミッド組織、プロパガンダ、およびもろもろの集団儀式が、人類の変成と新時代の創設という、悪魔的な計画によって求められる過酷な犠牲的行為のかずかずを、合意に達した大衆から手に入れることを可能にする。政治的なものの再神聖化はしたがって、これらすべての場合において、人類の完全支配の論理に梃子として役立つことになる。

政治活動において二十世紀をあざやかに彩った、宗教的聖なるものへのさまざまな訴えは、政治的なものを合理的なものに従わせるべきとする「啓蒙」の理想の敗北を示しているようだ。たとえば国家転覆運動をもって任じられた独裁権力は、たいてい神学的正当化に根拠をおいているし（イスラム世界のイスラム神権政治革命、ラテンアメリカにおけるカトリックの解放の神学、宗教的マイノリティーの独立運動など)、多くの地政学的領域において、文官は——少なくとも戦術的に——諸「教会」(ギリシアと東欧における東方正教会など)の宗教勢力の援護を要求する。また、西洋の民主主義はといえば、聖なるものの価値と祭式を「人権」という非宗教化された基準に移すことによって、あらたな種類のコンセンサスを見つけだそうと努める。要するに、政治的なものは、その手段と目的の決定のために優先される特権的経路を、既成の聖なるもののなかにふたたび見いだしているといえそうである。

2 社会的《ソシエタル》な想像領域

西欧の先進社会は、戦後、経済成長の恩恵とゆとりの普及のおかげで、快楽主義的物質文明の発展を可能にした。幸福のさまざまな技法は想像力上の過大評価を経験し、人間に、自分の「夢の銀行」を拡大し、新しい感情的興奮に接近し、自分の欲求不満を埋め合わせ、かつ己の条件の限界を忘れることを可能ならしめた。広告の誘惑によって望ましいものとなった儚い品々であふれる「消費社会」の発展や、映像と音響の拡散手段の指数的増加、そして文化それ自体のメディア化は、俳優や品物の偶像化のプロセスばかりか、宗教的聖なるものの祝祭遊戯を真似た、霊的交流の熱狂儀礼をもにじみ出させたのである。(9)

一九七〇年代からはまた、新しい類のさまざまな実存的体験が広まった。これらの体験は、みずからを代替神聖の諸形態と思わせる新しい神話と儀式をともなっている。そのもっとも重要なもののうちからいくつかとりあげよう。

心理療法によるエクスタシー——己の「自我」の限界とその存在に対するフラストレーションとにいよいよ耐えがたくなっている現代人は、とりわけアメリカ文明の環境下で発達した生物心理学療法の多彩な技術を使って、法悦状態の「自我」に合一したいと切に願っている。そうした技術は顧客たちに、自分の「自我」にかんする感覚や知覚の変化、自分の心的潜在力の拡大、または無意識的な力の探究、さらに人格の太古の層〔人格形成のもっとも初期の段階〕への退行さえも約束する。このような運動は、ときには一九六〇年代の反精神医学（レイン、クーパー、サスなど）によって提唱された「聖なる狂気」のイデオロギーを取り戻しながら、多くの深層心理学を使って（ユング）、聖なる儀礼に固有のイニシエーションと自己変容への願望を普及させることに寄与している（ニューエイジのイデオロギー）。

セクト主義の憑依——精神的動揺によって途方にくれた多くの人間は、セクト主義的共同体に同化することで、失われたか忘れ去られたかした聖なる伝統を取り戻したいと思う。カリスマ指導者の庇護下にあるこうした共同体は、知恵や救済の鍵を握っているのだと主張して、新しく加入した者たちに、再生の「真理」を明かすと約束する。これらのセクトは、えてしてその、心理操作の技術や、傲岸不遜な「導師《グル》」や、いかがわしい財政活動、そしてまた混合主義的教育によって特徴づけられるが、折しも伝統的な「教会」の衰退に乗じているだけにいっそう増殖しているように思われる。

遊戯におけるトランス――こんにち多くの社会的な活動は、聖なる儀礼を延長し、模倣し、またそれに代わるような、個人的にせよ集団的にせよ、絶頂に達した表現行為を引きおこす。輸送車両（自動車、オートバイ）、電子技術を利用したコミュニケーションや再生（コンサート、MTVビデオクリップ）、またスポーツの好成績といったもののための技術力が、あるカテゴリーの人々によって追求され、称揚されている。彼らは自分たちがもたらす（視覚的、聴覚的、体感的な）極度の興奮をとおして、トランスに結びつく状態変化と暴力を取り戻す。そうしてたくさんの音楽ないしスポーツ関連の集会が、古代の宗教的祝祭による忘我と熱狂の雰囲気をふたたび見いだしている。

オルタナティブ生活――一九六八年代、一般的な体制批判の波がなごりをとどめるなか、空想的共同体主義の実地の試みがふたたび行われた。たとえば、オルタナティブや無政府主義的共産主義の運動、フェミニズムや平和主義や環境保護などの運動が、人間疎外をまねくようなグローバル社会の抑圧から解放された、自律的な生活様式を実践に移そうと試みる。こうした体験はしばしば、修道院制度やさまざまなメシア思想を思わせる、イデオロギー的なあるいは準宗教的神話的なインスピレーションに裏打ちされている。

3 エコロジーと代替《オルタナティブ》医療

西洋では制度的キリスト教の弱体化が原因で、神聖がいやおうなく「自然」そのものの方に、したがって、古代の汎神論的コスモロジーに回帰しながら、移行しているように思われる。この傾向はことに、一部の環境保護運動と、伝統的な科学的医学からは外れている一部の代替医療の発展のなかに認められる。

産業社会の熱狂的な発展によって引きおこされた脅威と損害は、進歩、天然資源のむやみな開発、そして風土と景観の破壊に対する辛辣な批判へと至らせた。こうした、持続可能な開発を擁護する立場から表明される批判はさまざまなかたちをとる。物質社会の発展と自然保護のあいだに適切なバランスを回復してより人間的な生活を求めようとする人間中心的なアプローチから、自己バランスのとれた生きた全体として把握された自然〔ラブロック〕、人間のみが病ませてしまったかもしれない自然にたいする敬意を、人類の技術的な活動に優先させようとする生命中心的なアプローチまで、及んでいる。このいわゆる「ディープ」エコロジーはしばしば自然を聖なる実体と同一視するが、そこにおいて人間は、「森羅万象」の生命を保障するために他の生命群と同じ資格で席につかなければならない。このような考え方は行動の変化を起こさせる。すなわち行動は、神格化された「自然」の表現と考えられる自然法によって命じられるものとなり、また完全な自然の秩序のいわば称揚のために、人間のデミウルゴス〔創造者〕的な意志の利用をいっさい放棄することになる。

これと並行して、攻撃的かつしばしば有害でもある治療法を優先させて、自然のもつ想定治癒力を忘れていると非難される科学的医学にたいする批判が、聖なる想像領域をひんぱんに再活性化する多くの代替療法、たとえば古来の前科学的医学や西洋外医学、あるいは自然医学（ホメオパシー、植物療法）を再評価するように仕向ける。そのあるものは、信徒の肉体と精神に同時に作用するのだと力説する、宗教的な伝統や運動に固有の療法分野に属し（アニミズム的妖術、ブードゥー教のトランス状態、ペンテコステ派の霊的な癒しなど）、他のものは、聖なるものに満ちた見えざるエネルギーを備えているとみなされた物質（石、水晶など）に訴える。いずれの場合も、神聖は、治療儀式や治療薬の本質的属性としてもちだされ、信心深い患者たちの目にその効験をあらたかにする。何より救済論的な儀礼（神聖と接触することで神聖との同化に至る）から切り離せない聖なるものは、ここでは、器質性疾患すらも治す治療効果をもたらすものとなる。これらの代替療法のいくつかが、こうして医療と霊性を混ぜあわせながら、患者たちに身体の回復と霊魂の変容（救済）を同時に提供するのは驚くにはあたらない。

こうした再神聖化のさまざまな企ては、結局はどれも曖昧の域を出ない。それらは一方で、厳しく手なずけられた世界の乗り越えへの欲求と、存在を適応命令だけのまわりに固定したくない気持ちを表している。他方では、それらは見せかけと幻想の担い手でもあり、一般に人間を自分自身の鏡でしかないように仕向ける超越とは何の関係もない。

Ⅱ　新しい神聖？

ニヒリズムの急激な高まり《スーブルソ》と、アノミー的聖なるものの方に迷い込んでしまった探求とを同じだけ示している、こうしたすべての表れの向こうに、倫理的なものと詩的なものにおいて、ディオニュソス的というよりはアポロン的な、感情的というよりは内省的な、社会心理学的というよりは形而上学的なかたちで、さほどは目立たぬが、聖なるものの再出現に向けた合図となるであろういくつかの趨勢を見てとることはできないだろうか？　この趨勢はまた、聖なるものを、唯一の宗教的なるものから、すなわち最近の歴史において、異論の多い表現としてもっぱら使われすぎた感のある宗教的なるものから解放するであろう、隠れた源泉への回帰をも示しているのではないだろうか？

1　倫理的な使命

聖なるものは選択的行動様式を導きだし、そうすることで道徳的な諸規範を決定する。そのかわりに、聖なるものは神の召命と倫理的な正当性の付与にあずかる。道徳と神聖は、実際、奇妙な共謀関係にある。まず、倫理の領域は聖なる次元を含んでいるように思われる。哲学的には、道徳はもろもろの義務と、絶対的であれ（～ねばならない）条件つきであれ（善や幸福に達するために～ねばならない）、もろもろの合理的な規範表明とに基づくが、現象学的見地からすれば、道徳的志向性は、法もしくは呼び声のかたちをとった超越の認識を前提とするのであり、人はその超越のおかげで自分の命令権を可能にする敬意をえる。われわれの諸義務が実在の「神」あるいは内在理性に立脚しているとは、それらの義務が、聖なるものに似たかたちで、「オーラ」や威厳をまとったものの前における恐怖を引きおこしながら、われわれの前に現れるということである。道徳的義務を、それでもいっさいの他律から解き放とうとしたカントですら、実践的道徳性が、ある種の神聖によって促されていることを認めている（「われわれの頭上の星空、われわれの心の奥底にある道徳律」、『実践理性批判』）。

それに、聖なるものは特定の倫理的姿勢をまさしく準備し、維持し、さらには論理的に根拠づけさえしているように思われる。超越的なものとの関係は道徳的行動を随伴し、聖なる媒介はまさにその象徴体系によって、人間たちを倫理的立場へと向かわせるのだ。聖なるものはまた、実際的な選択の指針となる禁忌や保護の諸事項をも決定する。

一つの有意義な例が、個々人の生命の尊重に基づく医学倫理によって示されるだろう。この尊重の根拠とするところが二つの極端にくい違う解釈をまねいている。一方（自由思想家）の解釈においては、生命は、あらゆる生者に共通する単なる生物学的現実であり、人間は、理性的個人の同意の自由を尊重する以上、その現実を自由に扱い意のままに支配することができる（遺伝学、補助生殖医療）。もう一方（カトリック教会の教導職）の解釈は、生命に、聖なる性格を付与するのであるが、それは、人間の欲望に左右されず、生命に不可侵の性格を与え、また萌芽的ではあれ個人の絶対的尊重を基礎づけるような性格である。聖なるものとしての人体の尊重はかくして、冒瀆的違反になるだろうあらゆる道具的な扱いを禁止する。

　生物学上の身体とその生殖器官とにおける神聖性について議論はありうるにしても、聖なるものを人間に投影することは、人間を物化しないための、また人間のうちに、およそ聖なるものに対してそうするように、彼を慎重さと敬意をもって扱うことを強要する超越性を認めるための手段となりうる。それによって、聖なるものはまさに道徳的意識を広げることに寄与するのである。たしかに聖なるものは、それ自体として道徳的行動の内容を押しつけることはないが、しかし少なくとも注意を呼び覚まし、そこにかかわる人間を庇護し、他者への気遣いと配慮をさらに強くする。

　このような分析はおそらく「人権宣言」に適用できるだろう。その命令的な性格は、モーセ〔の十戒を刻んだ〕律法の「石版」と同様、慣例的な祈りという点で、ほぼ神聖化といってもよいように思われる。また同じ分析は、科学技術の倫理をめぐるいくつかの解釈のなかにも見いだせるだろう。たとえばH・ヨナスが、現代のリスク社会における責任倫理を、恐れに基づく発見術に結びつけようとするとき、その恐れの感情的なにおいは聖なるもののにおいとあまり違わない。「われわれは、科学的な「啓蒙主義《アオフ・クレールング》」が破壊し尽くした聖なるものの範疇を回復することなしに、今日われわれが所有している、または獲得し、たえず行使することをほぼ余儀なくされている極端な権力を、阻止しうる倫理をもつことができるかどうか、それを知ることが重要である」[10]。われわれの有用な活動を、当面の要求によってだけでなく、後代に残していく地上の将来をも考慮しながら正当化するよう促すことによって、ヨナスはまさに一種の系統的超越に責任を負わせている。これはたぶん、かつて祖先たちをして世界秩序の聖なる調整者にしていた、ヨーロッパ外の伝統社会に特有の「祖先」崇拝の対称物にすぎないのであるが。

2　宗教的なもののかなたに、詩的なものが？

聖なるものの研究は疑いなく、聖なるものと宗教的なものとの、つまり、神的なものに対する信仰との、緊密なつながりを明らかにした。聖なるものは、宗教的なものが人類学の普遍的与件のように見える限りにおいて、この近接性から己の力をえているのである。しかしまたこうした力は、二重の意味で弱められうる。そもそも、非-宗教的な人間経験において、どのように聖なるものの地位《スタチュ》を説明できようか？　それにまた、内なる信仰で純化された宗教的感情から、一部の多神教の呪術宗教的な実践まで、さまざまな宗教現象の雑多なスペクタクルを前にして、いったい聖なるものの同一性と統一性を保ちえようか？　結局のところ、聖なるものを、詩的なもの poétique のなかにおけるほどよくは見つからないその純粋な贈与において考察するためには、神聖からその宗教的背景を、これがたとえそこに遍在しているのであっても、取り除くほうがよいのではないだろうか？　詩的言語は聖なるものを、いろいろな個別の信仰からは解放された、ある種の情緒的で空想的な響きを保証する言葉のひだのなかにキャッチする。詩人とはおそらく、聖なるものを、そのあまりに神的であると同時にあまりに人間的なすべての不純物から解放する人である——宗教の神々から、あるいは権力に照準を合わせた実践から。聖なるものを摑むというこの詩的なものの使命は、おそらく些事以上のことなのであり、それどころか、詩的なもののまさに本質なのであって、それはあたかも、聖なるものの本質が存在を詩的なものにする《ポエティゼ》ことであるのと同じことなのである。ハイデガーは、ヘルダーリンとR・M・リルケを読み返し、聖なるものを「存在」の表れの最初の様態とするが、この意味で聖なるものは神的なものそれ自体に先立っているのである。「神性《ディテ》の本質は聖なるものの本質に基づいてしか考えられない。「神」という語が名指すべきものは、神性に照らしてしか考えられず言われない[11]。」聖なるものをとおして詩人は、言葉の肉のうちに、「存在」の一にして全なるもの《ユニ・トタリテ》と天・地・神・人の四部構成とを、「現れること」と「隠れること」の逆説的な戯れのなかで迎え入れることのできる、まさにそういう人になるであろう。ハイデガーはかくしてヘラクレイトスの言葉にたどりつく。「自然は現れることと隠れることを好む」。これが、それは何であるかという最初の謎を理解するための道をわれわれに示す、聖なるものの究極の真理ではないだろうか？ そのとき詩的な聖なるものは、われわれを、無傷で、無事で、手つかずのものに、そしてただそれだけがわれわれを救済することのできるもの（ドイツ語の *heilig*〔神聖な〕は *heil*〔無傷の〕と *heilen*〔治す〕に結びついている）に、触れさせてくれるのである。

結論

聖なるものは感覚と想像世界と信仰についての一つの構造へとわれわれを差し向ける。その構造は、この世界の経験の内容に、それ特有の性格を与え高い価値を付加するのだが、またその構造において、同じ経験の内容が他性や超越するものや超自然的なものや神的なものとして考えられていくに従って（尊敬によるにせよ禁止によるにせよ）この世界で占有できないものとなってしまう。

聖なるものはまず何よりも諸宗教の本質的な次元である。そして宗教は、聖なるものを多彩な方法で演出したばかりか、ときには己の使用だけのために独占、いや占奪さえした。しかしながら、キリスト教化した西洋の歴史から切り離せない、非神聖化・世俗化の動きは、聖なるものが消滅せずに変容しうることを証明することになった。西洋の現代性についていえば、聖なるものは、たとえば人格の方（医療または人権のなか）へと移行したが、それがより最近になると、たとえば、芸術とか詩的なものの領域に再投入されている。芸術の神聖化は、不滅の傑作との一体化を望んでいる大衆を集結させる多くの大規模な展覧会や大型コンサートの成功において顕著になる。美術館と音楽祭におけるこうした新しいタイプの世俗「宗教」に芸術市場の急騰はつきものであり、そこでは作品が、聖なる至宝と同じくらい莫大な貨幣価値に達するのである。

ただしこの世紀初頭の現状は、宗教とりわけ一神教の回帰に押された社会空間の予期せぬ再神聖化をも示している。たとえば大量移住が原因で、アフリカをはじめ、アジア、ヨーロッパなどに普及しつつあるイスラム教は、その熱心な勧誘を受けたこれらの地域において、法的‐社会的な神聖化を要求する、原理主義的・根本主義的なさまざまな潮流の攻勢を浮かび上がらせた。ヨーロッパにおいて、ポストコロニアル〔植民地主義以降〕の現代性は多文化間における違いの尊重を主張していたが、ヨーロッパおよび他の多くの社会は、ほぼ偶像崇拝的な解釈において了解済みの、宗教的聖なるもののアイデンティティについてかように再確認することをあらためて不安に思い、この解釈に反して、世俗性《ライシテ》、いや世俗主義《ライシスム》の擁護を立ち上げている。世俗的な自由の精神で特徴づけられた版画、素描、またとくにカリカチュアが、たとえばこれを不敬とするかの熱狂的な潮流によってますます告発されることとなり、それは攻撃を通り越してテロリズム的な反応を出現させるほどである。したがって二つの極端な立場――すなわち一方には、蒙昧主義的神聖からの解放を求める、無神論的で反教権主義的な、いや反宗教的でさえある精神が、また他方には、偶像崇拝と神権政治のにおいがする、宗教的な権利の要求のためのはげしい政治がある――のあいだには、しだいに激化する対立関係が認められる。

聖なるものの想像域の象徴人類学は、われわれをむしろ無神論的なものと宗教的なものの中間の位置へとみちびく。その位置取りが、聖なるものの政治と文化的倫理の基礎をおくのに重要になるのだ。聖なるものは、人間と超越的他性との関係を、象徴的な様相《モダリテ》において提示する。それはこの他性が宗教性を帯びていてもいなくても同じなのであって、この他性は、あらゆる聖なるものの崩壊を唱道する者たちに対して、とうぜん保護され尊重されるに値するのである。聖なるものは人間に、限界の感覚と、自分を超えるものにつながるための道を教える。しかし聖なるものは、自由な解釈を可能にする場合にしか、多元主義的で自由主義的な共同生活と両立することはできず、また偶像崇拝と熱狂を先ぶれする絶対化には決してならない。聖なるものは、科学と技術によって、また形ばかりの想像力によって、徐々に詩趣をそがれてしまった世界を豊かにするための特権的な機会なのである。聖なるものは日々の体験に深さと高さを与えるが、ただそれは、ほんものの宗教のひらめきとは無縁な独裁権力の隠れみのである、独断的で、粗暴かつ全体主義的な言語に変貌することはないという限りにおいてなのである。

ヨーロッパがかかえる現代の最大の課題はおそらく、フランス現代思想における主要なモデルに従って公共空間や文化の非宗教化・中立化を探求することではない。むしろ、科学-技術的理性のみに基づくものの考え方には還元されない意味を求める人々の信念と行動をみちびくこと、しかもこれらを、みずからがその意味の唯一の源泉だとか、唯一の番人だとか主張するだろう諸権力の道具として扱うことはせずに、聖なる、宗教的なる、法的-政治的なる、詩的なる、などの、多様な想像域を関連づけ、解釈しようと努めることなのである。

訳者あとがき

本書は、Jean-Jacques Wunenburger, *Le Sacré*（Coll. « Que sais-je ? », nº 1912, PUF / HUMENSIS, 7ᵉ éd., Paris, 2015）の全訳である。初版は一九八一年、かれこれ三十数年読み継がれてきた入門書であるが、その間改訂を重ね、二〇一五年には第七版が刊行されている。訳出にはこの第七版を底本とし、必要に応じて二〇〇九年刊の第六版を参照した。

ヨーロッパの一九八〇年前後といえば、時代的にちょうど「宗教をとりまく現代文化の危機」（第六版結論から）が表面化しはじめた時期であり、本書は、この状況のなかで浮上した聖の問題を、哲学者の視点で考察したものである。

目次からおわかりのように、本書の作りは、聖の実践と理論の名の下に、聖なるものに関する経験、制度および概念論を大きく通観した、聖のテーマをめぐる一大パノラマとなっている。ほぼ年代順に展開されるその叙述は、太古の時代から、異教、キリスト教の時代を経て、現代の世俗化時代へと及び、そこでは歴史の進展を背景に、そのときどきの社会的・文化的文脈のなかで、聖をめぐる実践や認識のありようが簡潔に紹介、議論されていく。テーマの性格上、その学術的参照範囲はきわめて広く、宗教学をはじめ、文化人類学、社会学、心理学、哲学、文学、医学、精神分析など、これまで人文科学系の諸分野で言及されてきた関連成果の主要なもののほとんどすべてを網羅していると言ってよい。

このように、本書にはコンパクトながら、圧倒的な時空の広がりが凝縮されているのだが、しかし、そこに詰め込まれた知識や情報が読者を混乱させることはまずないだろうと思われる。それらは巧みな構成のおかげで、体系的に、バランスよく、適材適所に、手さばきよく配置、展開され、読者を適切にみちびく仕様になっているからだ。言うなれば、ここにあるのは、聖のテーマの包括的でダイナミックな見取り図なのである。本書は読者に、まずは初心者ならば聖の問題を概観する機会を、またそれより進んだ段階にある読者には聖の問題の全体を構造的に理解する機会を提供してくれる。

したがって、本書の目的は、入門書の宿命として、新説を打ちだすというよりはむしろ、すでに知られている事柄を集成し解きほぐし再構築して記述するところにあると言えるが、しかしながらそれが教科書的な記述に終わることは決してない。一見教科書的にみえる記述のうちに著者は、著者自身の個別の主張を装塡している。それは、聖なるものをいかに受け止め、いかに遇すべきか、という基本的見地についてである。聖はつねに敬畏の念の対象であるべきだ、という判断が著者の思考の根底にある。著者にとって、聖なるものとは、個々の人間の思考や所作を越えたものなのであり、したがって、合理的思考や政治的利用により侵食されてはならないもの、そういった具体的思考や利用を越えてつねに尊敬と畏怖の向こう側にあるものなのである。聖を一つの言葉で断定したり、強要したりしてはならない、聖はそういった人間の現実レベルでの思考や所作を越えたものとしてこそ、ある。これが、本書全体に通奏低音のように流れている主張だが、この主張はとりわけ結論部において明確に強く奏でられることになろう。

ところで、翻訳の定本としたこの第七版の結論部分は、先行の第六版の結論部分とは幾分異なる視点からのものに書き換えられている。スタンスに根本的変化はないけれど、ただ、七版は社会批判をにおわせる強い口調で書かれているが、六版ではもう少し包括的な視点からの物言いであった。以下、著者の思考の射程をよりはっきりと押さえておくために、第六版の最終パラグラフを引用して、「訳者あとがき」の締めとしたい。

「だが、宗教をとりまく現代文化の危機にあまりに気をとらわれすぎると、聖なるものの範疇に特有の深遠さ、繊細さ、耐久性、神秘といったものを見逃してしまうおそれがある。聖なるものは、感情にも認識にもかかわり、主観的でも客観的でもあり、多様な形をとるばかりか、人間のまさに内奥に根を張って、形而上学と神学のなかにもっとも高度な枝分かれを見いだす（その逆でなければの話だが）。聖なるものは、詩と形而上学の本来的な範疇とみなされうるのであるが、この範疇は「存在」と「自然」と人間を理解するための基礎であるとともに、心理学的かつ社会学的な意向においては、人間の生における聖なるものの経験に基づく（したがって変化する）記載状況をしか見いだささない。こうした曖昧さ《アンデシジオン》は、われわれへのいわば究極の勧告なのであろう、聖なるものがその兆しとしてある至高の謎と言いうるものに対して、どこまでも覚醒しつづけるように、という。聖なるものは、おそらく知識より、まして科学よりも、沈黙、もしくは「知ある無知」を要求する。そうであっても、聖なるものがこれからも、人が彫像や「レクイエム」の美しさに触れ、神話や詩に耳を傾け、あるいは日没の偉大さに直面するたびに、意味をもたらし続けるであろうことは疑いがない」。

著者のジャン＝ジャック・ヴュナンビュルジェ氏は、ジャン・ムラン・リヨン第三大学の名誉教授であり、リヨン哲学研究所元所長である。現在も、国際ガストン・バシュラール協会会長、ジルベール・デュラン研究会会長、そして想像領域に関する国際研究センターの共同主催者などの地位にあり、フランスの学会・研究活動の牽引役として学問の発展に貢献している。氏の研究対象は、イメージ、想像力、および想像領域の分野だが、とくに、これらと哲学・芸術・科学技術・メディア・政治との関係性に深い関心をよせ、長年この観点からの研究に携わり、多くの業績を築いてきた。代表的な著作の一部は以下の通り。

『ユートピアあるいは想像領域の危機』*L'utopie ou la crise de l'imaginaire*（1979）、『聖なるもの』*Le sacré*（1981）、『イメージの生』*La vie des images*（1995）、『イメージの哲学』*Philosophie des images*（1997）、『テレビ時代の人間』*L'homme à l'âge de la télévision*（2000）、『政治的なものの想像領域』*Imaginaires du politique*（2001）、『理性のユートピア――現代政治試論』*Une utopie de la raison. Essai sur la politique moderne*（2002）、『代替医療の想像領域と合理性』*Imaginaires et rationalité des médecines alternatives*（2006）、『職務様式の想像力――創造性に役立つ想像領域の科学』*Imagination mode d'emploi. Une science de l'imaginaire au service de la créativité*（2011）『バシュラール、イメージの詩学』*Bachelard, une poétique des images*（2012）、『危機の進展？』*Le progrès en crise ?*（2014）、『創造的想像力』*L'imagination créatrice*（2015）、『変容の美学』*Esthétique de la transfiguration*（2016）、『空間の詩的想像力』*L'imagination géopoiëtique*（2016）、等々。

なお訳文中の表記について、〔　〕内は訳者による注釈ないし補足、〈　〉内は原語がイタリックの場合の訳語あるいは音訳を表している。

また、訳出にさいしては、正確さとわかりやすさを念頭に作業を進めたが、もし解釈上の誤りや内容的に不明瞭な箇所があるとすればそれは訳者の責任であり、その場合にはご叱正を賜れれば幸いである。

さいごに、当翻訳の機会をくださった白水社、ならびに刊行に向けての実際的業務に携わって下さった編集部の浦田滋子氏、小川弓枝氏に、心よりの謝意を表したい。

二〇一八年一月

川那部和恵

人名索引

ア行

アーレント　Arendt, Hannah（1906-75）　133
アヴィセンナ　Avicene（980-1037）　122
アヴェロエス　Averroès（1126-98）　122
アガンベン　Agamben, Giorgio（1942- ）　63
アクアヴィヴァ　Acquaviva, S.　127
アナティ　Anati, Emmanuel（1930- ）　17
アベカシス　Abécassis, A.　115
アラン・ド・リル　Alain de Lille　121
アルタイザー　Altizer, Thomas（1927- ）　103
アルント　Arndt, Johann（1555-1621）　103
アロン　Aron, Raymond（1905-83）　130
アンリオ　Henriot, Jacques（1923- ）　41
イザンベール　Isambert, F.　13, 111
ヴァネーゲム　Vaneigem, Raoul（1934- ）　126
ヴァハニアン　Vahanian, Gabriel（1927-2012）　113, 123
ヴァラニャック　Varagnac, André（1894-1983）　69, 126
ヴァン・ビューレン　Van Buren P.　103
ウーゼナー　Usener, Hermann（1834-1905）　53
ウェーバー　Weber, Max（1864-1920）　115, 125
ヴェルゴート　Vergote, Antoine（1921-2013）　109, 116
エヴァンズ=プリチャード　Evans-Pritchard, Edward Evan（1902-73）　79
エピクロス　Épicure（前341頃-前270頃）　102
エリアーデ　Eliade, Mircea（1907-86）　24-25, 27, 34, 65-66, 82, 90, 114, 117, 119-121
エリュール　Ellul, Jacques（1912-94）　63, 112, 115, 127
エルヴュー=レジェ　Hervieu-Léger, Danièle（1947- ）　111
オットー　Otto, Rudolf（1869-1937）　19-23, 25, 27, 122
オリゲネス　Origène（185頃-254頃）　119

カ行

カイヨワ　Caillois, Roger（1913-78）　27, 41, 43, 45, 87-88, 93, 121, 128
カズヌーヴ　Cazeneuve, Jean（1915-2005）　45, 89, 96
ガルデ　Gardet, Louis（1905-86）　83, 98
カント　Kant, Immanuel（1724-1804）　25, 104, 140
キュング　Küng, Hans（1928- ）　104
キルケゴール　Kierkegaard, Søren（1813-55）　20
グアルディーニ　Guardini, Romano（1885-1968）　41
（コロフォンの）クセノファネス　Xénophane de Colophon　102
クーパー　Cooper, David（1931-86）　135
クローズ　Clothes J.　17
ゲーテ　Goethe, Johann Wolfgang von（1749-1832）　20, 32
ゲノン　Guénon, René（1886-1951）　84, 112, 126
ゲブハルト　Gebhardt J.　103
ケルソス　Celse（2世紀）　119
コエーリョ　Coelho, Paulo（1947-）　8
ゴーガルテン　Gogarten, Friedrich（1887-1967）　104
ゴーシェ　Gauchet, Marcel（1946- ）　125
コックス　Cox, Harvey（1929- ）　113, 115
コルバン　Corbin, Henry（1903-78）　122
コンスタン　Constant, Benjamin（1767-1830）　19

サ行

サス　Szasz, Thomas（1920-2012）　135
ジェイムズ　James, William（1842-1910）　19
シェルホッド　Chelhod, Joseph（1919-94）　98
ジャンケレヴィッチ　Jankélévitch, Vladimir（1903-85）　90
シュティルナー　Stirner, Max（1806-56）　102
シュペーナー　Spener, Philipp Jacob（1635-1705）　103
シュライエルマッハー　Schleiermacher, Friedrich（1768-1834）　19-20
ジョーンズ　Jones, Ernest（1879-1958）　109
ジラール　Girard, René（1923-2015）　27, 48-49, 66, 125
シロノー　Sironneau, Jean-Pierre　133

スピノザ　Spinoza（1632-77）　104
スペンサー　Spencer, Herbert（1820-1903）　26
スミス　Smith R.　47
セルヴィエ　Servier, Jean（1918-2000）　13, 51, 69, 82
ソレル　Sorel, Georges（1847-1922）　128
ソンディ　Szondi, Léopold（1893-1986）　109

タ行

ダグラス　Douglas, Mary（1921-2007）　95
デイビー　Davy, Marie-Madeleine（1903-98）　91, 121
ティボン　Thibon, Gustave（1903-2001）　112
ティリッヒ　Tillich, Paul（1886-1965）　104
デモクリトス　Démocrite（前460頃-前370頃）　102
デュヴィニョー　Duvignaud, Jean（1921-2007）　107, 113
デュバルル　Dubarle, Dominique（1907-87）　116
デュビー　Duby, Georges（1919-96）　61
デュメジル　Dumézil, Georges（1898-1986）　54, 60
デュラン　Durand, Gilbert（1921-2012）　27, 113, 122
デュルケム　Durkheim, Émile（1858-1917）　7, 26, 78, 82, 88-89, 93, 95, 106-107, 113
ドゥボール　Debord, Guy（1931-94）　126
トールキン　Tolkien, John Ronald Reuel（1892-1973）　8
ドッズ　Dodds, Eric Robertston（1893-1979）　29
ドムナック　Domenach, Jean-Marie（1922-97）　112
トレルチ　Troeltsch, Ernst（1865-1923）　103
トロワフォンテーヌ　Troisfontaines C.　104

ナ行

ニーチェ　Nietzsche, Friedrich（1844-1900）　45, 75, 103-104, 119
ニグレン　Nygren O.　116

ハ行

ハイデガー　Heidegger, Martin（1889-1976）　81, 123, 143
バクーニン　Bakounine, Mikhail（1814-76）　103

バシュラール　Bachelard, Gaston（1884-1962）　83
バスティード　Bastide, Roger（1898-1974）　42, 114, 128
バタイユ　Bataille, Georges（1897-1962）　26, 69, 71, 87, 95, 97
ハミルトン　Hamilton, William（1924-2012）　103
バルト　Barth, Karl（1886-1968）　104
バンヴェニスト　Benveniste, Émile（1902-76）　9
ピアジェ　Piaget, Jean（1896-1980）　43, 80
（ビンゲンの）ヒルデガルト　Hildegarde de Bingen（1098-1179）　121
ヒルマン　Hillman, James（1926-2011）　110
ファン・デル・レーウ　Van der Leeuw, Gerard（1890-1950）　21, 96, 117
フィンク　Fink, Eugen（1905-75）　27, 41, 118
フェステュジエール　Festugière, André-Jean（1898-1982）　97, 115
フォイエルバッハ　Feuerbach, Ludwig（1804-72）　101-102
フォントネル　Fontenelle, Bernard le Bovier de（1657-1757）　104
ブザンソン　Besançon A.　132
ブラウン　Brown N.　109
プラディヌ　Pradines R.　27
ブラン　Brun, Jean（1919-94）　112
フリードマン　Friedman, Georges（1902-77）　126
フリューゲル　Flügel J.-C.（1884-1955）　109
ブルトマン　Bultmann, Rudolf（1884-1976）　105
フレーザー　Frazer, James（1854-1941）　47-48, 93
フロイト　Freud, Sigmund（1856-1939）　42, 48, 64, 75, 86-87, 101, 107-109
フロイント　Freund, Julien（1921-93）　132
ベール　Bayle, Pierre（1647-1706）　104
ヘラクレイトス　Héraclite（bc.540?-480?）　103, 143
ベルガー　Berger, Peter（1929-2017）　104
ベルジャーエフ　Berdiaev, Nicolas（1874-1948）　132
ヘルダーリン　Hölderlin, Friedrich（1770-1843）　143
ヘルツ　Hertz, Robert（1881-1915）　71
ホイジンガ　Huizinga, Johan（1872-1945）　40-41, 45, 122
ボードレール　Baudelaire, Charles（1821-67）　37

ボンヘッファー　Bonhoeffer, Dietrich（1906-45）　104

マ行

マシニョン　Massignon, Louis（1883-1962）　83
マフェゾリ　Maffesoli, Michel（1944- ）　107
マルクス　Marx, Karl（1818-83）　75, 101, 103, 131-132
マルセル　Marcel, Gabriel（1889-1973）　112
ミューラー　Müller, Max（1823-1900）　26
ミラー　Miller, D.　110
ムニエ　Mounier, Emmanuel（1905-50）　112
メール　Mehl, Roger（1912-97）　115
メッツ　Metz, Johann Baptist（1928- ）　104
メトロー　Métraux, Alfred（1902-63）　70
モア　More, Thomas（1478-1535）　130
モース　Mauss, Marcel（1872-1950）　12, 47, 54, 89

ヤ行

（サン・ヴィクトールの）ユーグ　Hugues de Saint-Victor（1096-1141）　121
ユング　Jung, Carl-Gustav（1875-1961）　27, 109, 135
ヨナス　Jonas, Hans（1903-93）　141-142

ラ行

ラーナー　Rahner, Karl（1904-84）　104
ラプランティヌ　Laplantine, François（1943- ）　113
ラブロック　Lovelock, James（1919- ）　137
リクール　Ricœur, Paul（1913-2005）　109, 117
リボー　Ribot, Théodule（1839-1916）　21
リルケ　Rilke, Rainer Maria（1875-1926）　143
ルクレティウス　Lucrèce（前94頃-前54頃）　102
ルター　Luther, Martin（1483-1546）　20, 103, 123
ルブラ　Le Bras, Gabriel（1891-1970）　111
ルロワ=グーラン　Leroi-Gourhan, André（1911-86）　17
レイク　Reik, Theodor（1888-1969）　109

レイン　Laing, Ronald David（1927-89）　135
レヴィ=ストロース　Lévi-Strauss, Claude（1908-2009）　89, 107
レヴィ=マカリウス　Lévi-Makarius, Laura（1908-93）　95
レヴィ=ブリュール　Lévy-Bruhl, Lucien（1857-1939）　34
レヴィナス　Levinas, Emmanuel（1906-95）　115, 124
レリス　Leiris, Michel（1901-90）　80
ローデ　Rohde, Erwin（1845-98）　29
ロダンソン　Rodinson, Maxime（1915-2004）　131
ロビンソン　Robinson A.T.（1919-83）　103

原注

序論

(1) É. Benveniste, *Le Vocabulaire des institutions indo-européennes*, Minuit, 1969.
(2) Voir H. Fugier, *Recherches sur l'expression du sacré dans la langue latine*, Les Belles Lettres, 1963.
(3) Voir *Le Sacré*, Aubier-Montaigne, 1974, p. 201 sq. et 317 sq.
(4) *Ibid.*
(5) *Ibid.*
(6) M. Mauss, *Œuvres I*, Minuit, 1968, p. 21.
(7) J. Servier, *L'Homme et l'Invisible*, Payot, « Imago », 1980.
(8) F. Isambert, *Le Sens du sacré. Fête et religion populaires*, Minuit, 1982, p. 246 *sq*.

第一部　聖なるものの実践

第一章　聖なるものの現象学

(1) J. Clothes, D. Lewis-Williams, *Les Chamans de la préhistoire*, La Maison des Roches, 2001.
(2) W. James, *Les Formes multiples de l'expérience religieuse*, Exergue, 2002, p. 424.
(3) F. Schleiermacher, *Discours sur la religion*, Aubier, 1954.
(4) R. Otto, *Le Sacré*, Payot, « Petite Bibliothèque », 1969.
(5) Voir Ph. de Felice, *Poisons sacrés et ivresse divine*, Albin Michel, 1980.
(6) M. Eliade, *Le Chamanisme et les techniques archaïques de l'extase*, Payot, 1974 (3e éd.).
(7) Voir Cl. Ramnoux, *La Nuit et les Enfants de la nuit dans la tradition grecque*, Flammarion, 1959 ; et P. Kauffmann, *L'Expérience émotionnelle de l'espace*, Vrin, 1967.

(8) G. Durand, *Les Structures anthropologiques de l'imaginaire*, Dunod, 1992 (11e éd.).
(9) Voir Laplantine, *Les Trois Voix de l'imaginaire*, Éditions universitaires, 1974 ; R. Bastide, *Le Rêve, la transe et la folie*, Flammarion, 1972.
(10) E. R. Dodds, *Les Grecs et l'Irrationnel*, Flammarion, « Champs », 1977.
(11) Voir W. E. Mühlmann, *Messianismes révolutionnaires du tiers monde*, Gallimard, 1968.

第二章　聖なるものの象徴体系

(1) Voir E. Cassirer, *La Philosophie des formes symboliques*, Minuit, 1972 ; G. Durand, *L'Imagination symbolique*, rééd. Puf, « Quadrige », 2015.
(2) É. Durkheim, *Les Formes élémentaires de la vie religieuse*, Puf, 1968, p. 328.
(3) G. Van der Leeuw, *La Religion dans son essence et ses manifestations*, Payot, 1970, p. 439.
(4) Voir G. Devereux, *Essai d'ethnopsychiatrie générale*, Gallimard, 1970.
(5) より詳しくは、拙著 *La Fête, le jeu et le sacré*, Éditions universitaires, 1977における分析を参照のこと。
(6) J. Huizinga, *Homo Ludens*, Gallimard, « Tel », 1988, p. 37 ; voir aussi E. Fink, *Le Jeu comme symbole du monde*, Minuit, 1965.
(7) Voir R. Caillois, *Les Jeux et les Hommes*, Gallimard, 1958 ; J. Henriot, *Le Jeu*, Puf, 1969 ; R. Guardini, *L'Esprit de la liturgie*, Plon, 1929.
(8) J. Cazeneuve, *Les dieux dansent à Cibola*, Gallimard, 1957, p. 240.
(9) G. Lapouge, « Masques », *Encyclopoedia Universalis*, t. X.
(10) Voir J.-M. L'Hôte, *Le Symbolisme des jeux*, Berg, 1976, et R. Caillois, *op. cit.*
(11) M. Eliade, *Initiation, rites, sociétés secrètes*, Gallimard, 1959 ; J. Servier, *L'Homme et l'Invisible*, Payot/Imago, 1980.

(12) R. Girard, *La Violence et le Sacré*, Hachette, « Pluriel », 1980.
(13) Voir M. Eliade, *Le Sacré et le Profane*, Gallimard, 1965.
(14) Voir J. Richer, *Géographie sacrée du monde grec*, Hachette, 1967.
(15) Voir J. Hani, *Le Symbolisme du temple chrétien*, La Colombe, 1962.
(16) A. Dupront, *Du sacré : croisades et pèlerinages, images et langages,* Gallimard, 1987.

第三章　聖なるものの文化人類学

(1) L. Dumont, « Homo hierarchicus ». *Essai sur le système des castes*, Gallimard, « Tel », 1979.
(2) Voir *Le Pouvoir et le Sacré*, Université libre de Bruxelles, 1962.
(3) G. Dumézil, *L'Héritage indo-européen à Rome*, Gallimard, 1949.
(4) Voir J.-P. Bayard, *Le Sacre des rois*, La Colombe, 1964.
(5) J. Ellule, dans *Le Sacré*, p. 179 *sq*. Voir L. Genet, *Droit et institutions en Grèce antique*, Flammarion, « Champs », 1982.
(6) G. Agamben, « Homo sacer », *Le pouvoir souverain et la vie nue*, Seuil, 1997.
(7) M. Eliade, *Aspects du mythe*, Gallimard, « Idées », p. 177.
(8) M. Maffesoli, *Essais sur la violence*, Librairie des Méridiens, 1984を参照。
(9) G. Bataille, *La Part maudite*, Minuit, 1967, p. 126.

第二部　聖なるものの理論

第一章　聖なるものの性質

(1) M. Leiris, *La Possession et ses aspects théâtraux chez les Éthiopiens du Gondar*, Plon, 1958.
(2) M. Eliade, *Forgerons et alchimistes*, Flammarion, 1977 ; J. Hani, *Les Métiers de Dieu*, Éditions des Trois Mondes, 1975.
(3) L. Gardet, *Le Sacré*, *op. cit.* , p. 327.
(4) H. Bouillard, *ibid.* , p. 50.
(5) G. Bataille, *L'Érotisme*, UGE, 1965, p. 75-76.

(6) Voir L. Lévi-Maxarius, *Le Sacré et la Violation des interdits*, Payot, 1974.
(7) V. Jankélévitch, *Le Pur et l'Impur*, Flammarion, 1980.
(8) M. Eliade, *Aspects du mythe*, *op. cit.*, p. 175.
(9) M.-M. Davy, *Initiation à la symbolique romane*, Flammarion, 1977, p. 85.
(10) Voir H. Webster, *Le Tabou*, Payot, 1952.
(11) M. Douglas, *De la souillure*, Maspero, 1971.
(12) J. Cazeneuve, *Sociologie du rite*, Puf, 1971, p. 57.

第二章　聖なるものの批判

(1) Voir H. Arvon, *L. Feuerbach ou la Transformation du sacré*, Puf, 1957.
(2) Freud, *L'Avenir d'une illusion*, Puf, 1971, p. 25.
(3) H. Cox, *La Cité séculière*, Casterman, 1968 ; G. Vahanian, *La Mort de Dieu : la culture de notre ère postchrétienne*, Buchet-Chastel, 1960.
(4) Voir *Herméneutique de la sécularisation*, Colloque de Rome, Aubier, 1976.
(5) F. Laplantine, *Les Trois Voix de l'imaginaire*, Édititions universitaire, 1974, p. 63.
(6) R. Bastide, *Le Sacré sauvage*, Payot, 1975.
(7) M. Eliade, *Le Sacré et le Profane*, *op. cit.*, p. 173.
(8) M. Eliade, *La Nostaogie des origines*, Gallimard, p. 13.
(9) A.-J. Festugière, *La Sainteté*, Puf, 1942, p. 87.
(10) Cf. A. Neher, *L'Essence du prophétisme*, Puf, 1955.
(11) M. Eliade, *Le Mythe de l'éternel retour*, Gallimard, 1909, p. 124.
(12) P. Ricœur, *Le Sacré*, p. 65.
(13) E. Fink *Le Jeu comme symbole du monde*, *op. cit.* , p. 184.
(14) Voir A. de Benoist, Th. Molnar, *L'Éclipse du sacré*, La Table ronde, 1986.
(15) R. Bultmann, *Le Christianisme primitif*, Payot, 1969.
(16) Voir F. A. Isambert, *Le Sens du sacré. Fête et religion populqires*, Minuit, 1982.

(17) J. Huizinga, *Le Déclin du Moyen Âge*, Payot, 1967.
(18) R. Guardini, *L'Esprit de la liturgie*, Plon, 1929, p. 56-57.
(19) M. Heidegger, *Chemins qui ne mènent nulle part*, Gallimard, 1962, p. 70.
(20) P. Ricœur, *Le Conflit des interprétations*, Seuil, 1970 ; *Du texte à l'action*, Seuil, 1986.
(21) M. Gauchet, *Le Désenchantement du monde*, Gallimard, 1985.

第三章　聖なるものの変容

(1) J. Ellul, *Les Nouveaux Possédés*, Fayard, 1973, p. 94 ; voir aussi J. Brun, *Le Retour de Dyonysos*, Les Bergers et les Mages, 1976.
(2) R. Bastide, *Le Sacré sauvage*, Payot, 1975, p. 231.
(3) R. Caillois, *L'Homme et le Sacré*, Gallimard, 1950, p. 173.
(4) Cf. Y. Michel, *Le Retour du sacré*, Beauchesne, 1977, p. 116.
(5) J. Brun, *À la recherche du Paradis perdu*, Presses bibliques universitaires, 1979, p. 105.
(6) Voir par exemple, les thèses de E. Voegelin (Th. Gontier, *Voegelin, symboles du politique*, Michalon, 2008).
(7) M. Rodinson, « Nation et idéologie », in *Encyclopaedia Universalis*, t. XI.
(8) Cf. J. Plumyène, *Les Nations romantiques*, Fayard, 1979.
(9) Voir M. Maffesoli, *L'Ombre de Dionysos*, Anthropos, « Méridiens », 1982 ; J. Baudrillard, *L'Échange symbolique et la Mort*, Gallimard, 1976.
(10) H. Jones, *Le Principe responsabilité*, Le Cerf, 1991.
(11) M. Heidegger, *Lettre sur l'humanisme*, Aubier, 1964, p. 135.

参考文献〔原著巻末〕

以下は本書でとりあげた主要な問題に関係のある著作を選抜したものである（ただし文中で引用したすべてのタイトルを載せたわけではなく，より専門的なものなどは割愛した）．

1. Acquaviva S., *L'Éclipse du sacré dans la civilisation industrielle*, Mame, 1967.
2. Agamben G., *« Homo sacer », le pouvoir souverain et la vie nue*, Seuil, 1997.〔G・アガンベン『ホモ・サケル　主権権力と剝き出しの生』高桑，上村訳，以文社〕
3. Agel H., *Le Cinéma et le Sacré*, Le Cerf, 1961.
4. Augé M., *Génie du paganisme*, Gallimard, 1982.
5. Bastide R., *Le Sacré sauvage*, Payot, 1957.
6. Bataille G., *L'Érotisme*, Minuit, 1957.〔G・バタイユ『エロティシズム』酒井健訳，ちくま学芸文庫〕
7. Benoist A. de, Molnar Th., *L'Éclipse du sacré*, La Table ronde, 1986.
8. Berger P., *La Religion dans la conscience moderne*, Le Centurion, 1971.
9. Bergson H., *Les Deux Sources de la morale et de la religion*, Puf.
10. Bouyer L., *Le Rite et l'Homme*, Le Cerf, 1962.
11. Brelet Cl., *Les Médecines sacrées*, Albin Michel, 1991.
12. Brun J., *Le Retour de Dionysos*, Les Bergers et Les Mages, 1976.
13. Caillois R., *L'Homme et le Sacré*, Gallimard, 1950.〔R・カイヨワ『改訳版　人間と聖なるもの』塚原，吉本，小幡，中村，守永訳，せりか書房〕
14. Castelli E. (sous la dir.), *Le Sacré, études et recherches*, Aubier, 1974.
15. Cazeneuve J., *Sociologie du rite*, Puf, 1971.
16. Debray R., *Le Feu sacré. Fonctions du religieux*, Gallimard, 2005.
17. Dumas A., Sacré, *Encyclopædia Universalis*, t. 14.

18. Dupont A., *Du sacré. Croisades, pèlerinages, images et langages*, Gallimard, 1987.
19. Dupuy J.-P., *La Marque du sacré*, Flammarion, 2010.
20. Durand G., *Les Structures anthropologiques de l'imaginaire*, Dunod, 1992 (11e éd.).
21. Durkheim É., *Les Formes élémentaires de la vie religieuse*, Puf, «Quadrige», 1979.〔E・デュルケム『宗教生活の原初形態』古野清人訳, 岩波文庫〕
22. Eliade M., *Le Sacré et le Profane*, Gallimard, 1965〔M・エリアーデ『聖と俗』風間敏夫訳, 法政大学出版局〕; *Traité d'histoire des religions*, Payot, rééd. 1989.〔M・エリアーデ, J・M・キタガワ編『宗教学入門』岸本英夫監訳, 東京大学出版局〕
23. Ellul J., *Les Nouveaux Possédés*, Fayard, 1973.
24. Ferraroti F., *Le Paradoxe du sacré*, Éponnier, 1987.
25. Festugière A.-J., *La Sainteté*, Puf, 1942.
26. Fink E., *Le Jeu comme symbole du monde*, Minuit, 1966.
27. Girard R., *La Violence et le Sacré*, Hachette, «Pluriel», 1980.〔R・ジラール『暴力と聖なるもの』古田幸男訳, 法政大学出版局〕
28. Grand'Maison J., *Le Monde et le Sacré*, 2 vol., Éd. Ouvrières, 1966.
29. Guénon R., *La Crise du monde moderne*, Gallimard, 1969.
30. Heidegger M., *Approche de Hölderlin*, Gallimard, 1962.
31. Hervieu-Léger D., Champion F., *Vers un nouveau christianisme : introduction à la sociologie du christianisme occidental*, Le Cerf, 2008.
32. Isambert F.-A., *Rite et efficacité symbolique*, Le Cerf, 1979 ; *Le Sens du sacré. Fête et religion populaire*, Minuit, 1982.
33. Jankélévitch V., *Le Pur et l'Impur*, Flammarion, «Champs», 1978.
34. Jung C.G., *Psychologie et religion*, Bouchet-Chastel, 1958.〔C・G・ユング『心理学と宗教』村本詔司訳, 人文書院〕
35. Lévi-Makarius L., *Le Sacré et la Violation des interdits*, Payot, 1974.
36. Lévy-Bruhl L., *Le Surnaturel et la Nature dans la mentalité primitive*, Puf, 1963.

37. Lubac H. de, *Surnaturel, études historiques*, Aubier, 1946.
38. Maffesoli M., *L'Ombre de Dionysos*, Anthropos, « Méridiens », 1982.
39. Meslin M., *L'Expérience humaine du divin. Fondements d'une anthropologie religieuse*, Le Cerf, 1988.
40. Michel Y., *Le Retour du sacré, Beauchesne*, 1977.
41. Otto R., *Le Sacré*, Payot, 1969.〔R・オットー『聖なるもの』久松英二訳, 岩波文庫〕
42. Ricœur P., *Finitude et culpabilité*, Aubier,1960.
43. Ries J., *L'Expression du sacré dans les grandes religions*, Louvain-la-Neuve, 1978-1986 ; *Les Chemins du sacré dans l'histoire*, Aubier-Flammarion,1985.
44. Servier J., *L'Homme et l'Invisible*, Imago, 1980.
45. Simo, M. (éd.), *Le Retour du Sacré*, Beauchesne, 1977.
46. Smedt M. de, *Demeures du sacré. Pour une architecture initiatique*, A. Michel, 1987.
47. Tessier R., *Le sacré*, Le Cerf et Fides, 1991.
48. Van der Leeuw G., *La Religion dans son essence et ses manifestations*, Payot, 1970.
49. Walter Ph., *Mythologie chrétienne : fêtes, rites et mythes du Moyen Âge*, Imago, 2003.
50. Wunenburger J.-J., *La Fête, le jeu et le sacré*, J.-P. Delarge, 1977.

訳者略歴
川那部和恵（かわなべ・かずえ）
名古屋大学大学院文学研究科修了．文学博士．
専攻は，フランス中世・ルネサンスの演劇文学と文化．
奈良教育大学助教授，教授，東洋大学教授を歴任．
著書に『ファルスの世界』（溪水社），“Le Jeu d'errance entre le sacré et le profane”（in *Le voyage créateur*, L'Harmattan, Paris）など．

文庫クセジュ　Q 1018
聖なるもの

2018年 2 月10日　印刷
2018年 3 月 5 日　発行
著　者　　ジャン＝ジャック・ヴュナンビュルジェ

発行者　　及川直志
印刷・製本　株式会社平河工業社
発行所　　株式会社白水社
東京都千代田区神田小川町 3 の 24
電話　営業部　03（3291）7811 / 編集部　03（3291）7821
振替　00190-5-33228
郵便番号　101-0052
http://www.hakusuisha.co.jp

乱丁・落丁本は，送料小社負担にてお取り替えいたします．
ISBN978-4-560-51018-6
Printed in Japan

文庫クセジュ

哲学・心理学・宗教

594 ヨーガ
607 東方正教会
625 異端カタリ派
680 ドイツ哲学史
704 トマス哲学入門
708 死海写本
722 薔薇十字団
733 死後の世界
738 医の倫理
739 心霊主義
751 ことばの心理学
754 パスカルの哲学
763 エゾテリスム思想
764 認知神経心理学
773 エピステモロジー
778 フリーメーソン
780 超心理学
789 ロシア・ソヴィエト哲学史
793 フランス宗教史
802 ミシェル・フーコー
807 ドイツ古典哲学
835 セネカ
848 マニ教
854 子どもの絵の心理学入門
862 ソフィスト列伝
866 透視術
874 コミュニケーションの美学
880 芸術療法入門
891 科学哲学
892 新約聖書入門
900 サルトル
905 キリスト教シンボル事典
909 カトリシスムとは何か
910 宗教社会学入門
914 子どものコミュニケーション障害
931 フェティシズム
941 コーラン
944 哲学
954 性倒錯
956 西洋哲学史
960 カンギレム
961 喪の悲しみ
968 プラトンの哲学
973 100の神話で身につく一般教養
977 100語でわかるセクシュアリティ
978 ラカン
983 児童精神医学
987 ケアの倫理
989 十九世紀フランス哲学
990 レヴィ＝ストロース
992 ポール・リクール
996 セクトの宗教社会学
997 100語でわかるマルクス主義
999 宗教哲学
1000 イエス
1002 美学への手引き
1003 唯物論
1009 レジリエンス
1013 うつ病